高等职业教育资产评估专业产学研结合系列教材

Evaluation of Intangible Assets Exercise and Training

无形资产评估

习题与实训

刘淑琴　主编

东北财经大学出版社
Dongbei University of Finance & Economics Press | 大连

图书在版编目（CIP）数据

无形资产评估习题与实训 / 刘淑琴主编. —大连：东北财经大学出版社，2021.9

（高等职业教育资产评估专业产学研结合系列教材）

ISBN 978-7-5654-4251-3

Ⅰ. 无… Ⅱ. 刘… Ⅲ. 无形资产管理-资产评估-高等职业教育-习题集 Ⅳ. F273.4-44

中国版本图书馆CIP数据核字（2021）第126863号

东北财经大学出版社出版

（大连市黑石礁尖山街217号　邮政编码　116025）

网　址：http：//www.dufep.cn

读者信箱：dufep@dufe.edu.cn

大连图腾彩色印刷有限公司印刷	东北财经大学出版社发行

幅面尺寸：185mm×260mm	字数：191千字	印张：9.5
2021年9月第1版		2021年9月第1次印刷

责任编辑：王天华　周　慧	责任校对：慧　心
封面设计：冀贵收	版式设计：原　皓

定价：24.00元

前　言

2014年发布的《国务院关于加快发展现代职业教育的决定》中提出了“推行项目教学、案例教学、工作过程导向教学”等教学模式。2016年7月我国出台了《中华人民共和国资产评估法》，2017年9月以来中国资产评估协会发布和修订了30项资产评估准则。为了顺应我国高等职业教育发展趋势，培养高素质的资产评估与管理专业人才，我们根据《中华人民共和国资产评估法》、30项资产评估准则及资产评估师资格全国统一考试大纲于2020年4出版了《无形资产评估》(东北财经大学出版社出版，刘淑琴主编)。为了便于学生检验学习效果，我们按照“项目导向、任务驱动”的要求及资产评估师考试要求编写了本书。

本书与《无形资产评估》主教材同步，共分9个项目，均与无形资产评估职业岗位密切相关。全书按任务设计习题与实训，题型包括单项选择题、多项选择题、判断题、思考分析和综合训练等，其中包含历年资产评估师职业资格全国统一考试的真题。

本书由山西省财政税务专科学校刘淑琴担任主编，李艳担任副主编，全书由刘淑琴核对和策划设计。

虽然我们在编写过程中尽了最大努力，但由于编者的经验和水平有限，可能会存在一些疏漏之处，恳请读者在使用过程中给予关注并提出宝贵意见，以便我们进一步修订和完善。

编　者
2021年8月

目 录

项目一

无形资产评估概述

任务一　无形资产概述

一、单项选择题（每题只有一个正确选项，请将正确选项填在括号内）

1.根据《资产评估执业准则——无形资产》中有关无形资产的定义，下列各项正确的是（　　）。

A.特定主体拥有或者控制的，不具有实物形态，能持续发挥作用并且能带来经济利益的资源

B.特定主体拥有或者控制的，不具有实物形态，对生产经营长期发挥作用且能带来经济利益的资源

C.一种能通过经济属性来证明其自身价值的非货币性资产。不具有实物形态，但能为所有者产生经济利益

D.特定主体控制的不具有独立实体，而对生产经营长期发挥作用并带来经济利益的一切经济资源

2.下列各项中不属于无形资产的是（　　）。

A.商标权　B.专有技术　C.著作权　D.公知技术

3.下列各项中不受法律保护的无形资产是（　　）。

A.非专利技术　B.著作权　C.特许经营权　D.租赁权

4.无形资产包括自创和外购两类，这是按照（　　）进行分类的。

A.可辨识程度　B.有无法律保护　C.取得方式　D.内容构成

5.下列各项中不属于知识产权的无形资产是（　　）。

A.专利权　B.商誉　C.商标权　D.版权

6.在下列各项中，属于不可辨认的无形资产的是（　　）。

A.商标权　B.著作权　C.专利权　D.商誉

7.（　　）是指特定主体通过提高企业经营管理水平、商品质量、服务质量和商业信誉等方面逐渐建立起来的经济资源。

A.权利型无形资产　B.知识型无形资产

C.关系型无形资产　D.组合型无形资产

8.无形资产按照其性质和属性分类，可分为权利型无形资产、知识型无形资产、关系型无形资产和组合型无形资产。下列各项属于组合型无形资产的是（　　）。

A.发明　B.商誉　C.人力资源　D.销售网络

9.关于组合型无形资产，下列各项说法正确的是（　　）。

A.组合型无形资产是各种独立存在且容易辨识的无形资产的总和

B.组合型无形资产在特定情况下有可能会转变为可以独立存在或可以辨认的无形资产

C.组合型无形资产中的无形资产不能从组合型无形资产中单独分离出来，成为一

种独立的可以辨认的无形资产

D.从一个较长的时间周期来看，组合型无形资产的边界可以确定且具有动态变化的特征

10.下列各项不属于权利型无形资产的是（　　）。

A.专卖权　　B.租赁权　　C.特许经营权　　D.著作权

11.从无形资产归类的角度讲，计算机软件属于（　　）无形资产。

A.商标权类　　B.关系类　　C.著作权类　　D.其他类

12.无形资产没有实物主体，所以必须依附于一定的实物载体才能够存在并发挥作用，下列各项不属于无形资产直接载体的是（　　）。

A.专利产品　　B.注册商标　　C.图纸资料　　D.工艺文件

13.（　　）是无形资产最显著的基本特征。

A.效益性　　B.非实体性

C.成本的不完整性　　D.依附性

14.无形资产已经成为企业间竞争的重要技术支撑，下列各项中属于无形资产的形式特征的是（　　）。

A.效益性　　B.替代性　　C.积累性　　D.共益性

15.无形资产作为一类专门的资产形式，有其自身的特征，具体体现为无形资产的形式特征和无形资产的功能特征。下列各项属于无形资产功能特征的是（　　）。

A.非实体性　　B.依附性　　C.不可辨认性　　D.效益性

16.无形资产作为一类专门的资产形式，有其自身的特征，具体体现为无形资产的形式特征和无形资产的功能特征。下列各项关于无形资产的功能特征表达正确的是（　　）。

A. 无形资产由于其特殊的非实体性，其并不是直接生产出来的，而是动态的发展演变形成的

B. 无形资产的非实体性意味着无形资产可以脱离实物产生作用

C. 无形资产是特定主体所拥有或控制的，因此无形资产无论何时只能由同一主体所使用

D.无形资产的替代性意味着无形资产的未来价值是不稳定的，随时有可能被替代，因此，无法对无形资产的未来收益进行预估

17.无形资产总是在生产经营的一定范围内发挥特定的作用，其形成在一定程度上基于其他无形资产的发展，这体现了无形资产常见功能特征中的（　　）。

A.积聚性　　B.积累性　　C.延续性　　D.依附性

18.无形资产具有在不同的地点，同一时间由不同主体使用的特性，这一特性称为无形资产的（　　）。

A.共益性　　B.附着性　　C.积累性　　D.替代性

19.无形资产没有实物形态，但可以通过一定的形式表现出来。下列各项中不属于无形资产共益性功能特征的是（　　）。

A.一项无形资产可以在不同的地点被使用

B.一项无形资产可以同一时间被使用

C.一项无形资产可以由不同的主体所使用

D.一项专利在一家企业使用的同时，将会影响将其转让给其他企业使用

20.无形资产与有形资产评估既有相同方面，也存在一定的差异，对于文化企业无形资产评估而言，下列各项对这种差异说法不正确的是（　　）。

A. 市场性

B. 必须始终坚持把社会效益放在首位、实现社会效益和经济效益相统一

C.评估专业人员需要了解文化企业是提供精神产品、传播思想信息、担负文化传承使命的特殊企业

D.需要关注文化企业社会效益对文化企业无形资产价值的影响

二、多项选择题（每题有两个或两个以上正确选项，请将正确选项填在括号内）

1.下列各项属于知识产权的有（　　）。

A.专利权　B.商业秘密　C.商标权　D.版权

2.下列各项中无形资产按其性质和属性可以分为（　　）。

A.关系类无形资产　B.组合类无形资产

C.技术类无形资产　D.非技术类无形资产

3.按照是否可以辨认的标准分类，下列各项中属于可辨认无形资产的有（　　）。

A.商誉　B.专利资产　C.非注册商标　D.著作权资产

4.下列各项中有专门法律保护的无形资产有（　　）。

A.商誉　B.计算机软件　C.商标权资产　D.非专利技术

5.组合型无形资产是难以独立存在和辨识的无形资产的综合，下列各项中属于组合型无形资产的有（　　）。

A.合理的企业组织体系和管理制度　B.企业文化

C.企业信誉　D.人力资源

6.关于可辨认无形资产和不可辨认无形资产，下列各项说法正确的有（　　）。

A.因为不同的无形资产具有不同的附着性，所以无形资产可进一步分为可辨认无形资产和不可辨认无形资产

B.对于不可辨认无形资产，其一旦脱离依附对象便失去了使用价值，此时应以当前使用所产生的超额收益为基础进行评估

C.对于可辨认无形资产，评估时可适当考虑其更大范围内的使用价值

D.商标及通用性较强的技术型无形资产等可辨认无形资产，其创造的超额收益一定等于组合收益中目前该无形资产的贡献程度

7.下列各项属于无形资产形式特征的有（　　）。

A.效益性　B.排他性　C.非实体性　D.成本的不完整性

8.下列各项属于无形资产功能特征的有（　　）。

A.不完整性　B.替代性　C.积累性　D.共益性

9.排他性属于无形资产形式特征，下列各项符合排他性特征的有（　　）。

A.弱对应性　　B.垄断性　　C.独占性　　D.独立性

三、判断题（正确的在括号内打"√"，错误的打"×"）

1.无形资产按其是否受法律保护可分为法定无形资产和无法律保护无形资产。（　）

2.单位接受投资或者接受捐赠的无形资产属于外购无形资产。（　）

3.无形资产单独不能创造收益，必须附着于有形资产才能产生收益。（　）

4.无形资产能够创造效益是其最显著的基本特征。（　）

5.无形资产虽具有排他性特征，但排他性一般体现在排他性地占有，而无须排他性地使用。（　）

6.无形资产共益性不会受到市场有限性和竞争性的制约。（　）

7.新的知识和技术、新的市场需求、新的营销模式等都将影响无形资产的获利能力，甚至是无形资产本身的内涵。（　）

8.一项先进的技术替代另一项技术，一种工艺替代另一种工艺等，其特性是共存或积累，反映了无形资产的积累特性。（　）

9.按照2017年修订的《资产评估执业准则——无形资产》，非注册商标不属于无形资产。（　）

10.成本的不完整性和成本与价值的弱对应性属于无形资产的形式特征。（　）

11.排他性和共益性属于无形资产的功能特征。（　）

12.按照无形资产的性质和属性分类，企业管理和企业文化范畴的无形资产属于组合型无形资产。（　）

四、思考分析

1.企业会计准则和资产评估准则中对无形资产定义的区别有哪些？

2.无形资产按其产生来源可分为哪几类？

3.什么是可辨认无形资产和不可辨认无形资产？

4.无形资产具有哪些特点？

任务二　无形资产评估概述

一、单项选择题（每题只有一个正确选项，请将正确选项填在括号内）

1.无形资产具有物理属性、功能属性、（　　）等多种属性，一项无形资产会因为考量角度不同、处理方法不同、评价侧重点不同而显现出一定的差异性。

A.不可辨认性　　B.动态性　　C.经济属性　　D.市场属性

2.下列各项属于无形资产评估具体关注的要点是（　　）。

A.确定无形资产的价值量必须基于特定的所有者或控制者

B.无形资产评估必须基于无形资产的具体属性

C.无形资产评估必须基于特定的地点

D.确定无形资产的价值量需要考虑是否需要引入专家报告

3.无形资产评估中主要考虑的是无形资产的（　　）。

A.物理属性　　B.功能属性　　C.价值属性　　D.法律属性

4.若存在数量较多的被评估资产，需要结合每项无形资产的特征确定其最终价值，评估工作量较大，耗费时间较长，这体现无形资产评估的（　　）。

A.复杂性

B.动态性和预测性

C.需要结合无形资产的载体和作用空间进行评估

D.广泛应用收益法

5.下列各项属于因无形资产侵权损害而导致纠纷的评估目的是（　　）。

A.法律诉讼　　B.出资　　C.财务报告　　D.保险

6.一般情况下，以质押为目的的无形资产评估选用（　　）作为价值类型，同时结合质押率进行无形资产价值确定。

A.评估价值　　B.公允价值　　C.市场价值　　D.账面价值

7.下列各项不能用于出资目的的评估的无形资产是（　　）。

A.专有技术　　B.商标权　　C.著作权　　D.商誉

8.涉及商誉减值测试、可辨认无形资产减值测试等业务情形，属于以（　　）为目的的无形资产评估。

A.出资　　B.交易　　C.财务报告　　D.管理

9.下列各项属于无形资产评估过程中的关键评估要素的是（　　）。

A.评估主体　　B.评估对象和范围
C.经济业务活动　　D.评估目的

10.下列各项不属于无形资产评估基本假设的是（　　）。
A.持续使用假设　　B.收益假设
C.公开市场假设　　D.清算假设

二、多项选择题（每题有两个或两个以上正确选项，请将正确选项填在括号内）

1.在评估无形资产时需要结合无形资产的（　　）等特点综合分析其作用价值的大小。
A.依附性　　B.共益性　　C.作用空间　　D.载体

2.下列各项关于无形资产评估的说法错误的有（　　）。
A.无形资产评估必须基于无形资产的所有属性
B.无形资产评估必须基于特定时点才能对无形资产的价值进行评估，没有确定基准日的评估将没有任何意义
C.无形资产评估与有形资产评估存在市场性、公正性、专业性、咨询性等共性，说明有形资产的评估方法都可以对无形资产进行使用
D.无形资产评估存在独有的特征，说明有形资产的评估方法都不适用于无形资产

3.下列各项关于无形资产评估复杂性的描述正确的有（　　）。
A.由于收益法评估涉及多种参数的确定，而且无形资产具有可替代特征，预测未来收益存在大量不确定因素，因此收益法不适合对无形资产评估
B.成本法需要通过对资产的重置成本进行核算，无形资产具有成本的不完整性特征，因此成本法在无形资产评估中受到限制
C.无形资产之间的可比性较差，特别是组合型无形资产则更加难以进行比较，因此，市场法在无形资产评估中受到限制
D.由于无形资产的属性和特征的特殊性，导致无形资产评估的复杂性，必须要进行全面、系统的分析与测算，工作量与难度都较大

4.无形资产评估与有形资产评估存在的共性有（　　）。
A.咨询性　　B.市场性　　C.公正性　　D.专业性

5.与有形资产相比，无形资产评估独有的特征有（　　）。
A.复杂性、动态性和预测性
B.需结合无形资产的载体和作用空间进行评估
C.需结合无形资产所属行业性质进行评估
D.需要结合无形资产的法律保护状况进行评估

6.关于无形资产评估目的的相关表述，下列各项说法正确的有（　　）。
A.评估目的既可以规范无形资产评估报告用途，又能够直接决定和制约价值类型与评估方法选择，还对评估其他后续流程产生关键性影响
B.以保险为目的的评估可以为投保人事前确定投保额，事后确定赔偿额
C.无形资产评估对象的确认首先要确认无形资产的存在，然后确认无形资产的种

类，最后确认无形资产的有效期限

D.无形资产评估目的包括交易、质押、法律诉讼、财务报告、保险、管理、租赁等

7.下列各项属于以法律诉讼为目的而涉及无形资产评估的情形有（　　）。

A.因悔约导致的无形资产损失纠纷

B.因无形资产侵权损害导致的无形资产纠纷

C.因无形资产买卖交易等引起的仲裁

D.因公司、合伙关系解散或者股东不满管理层的经营、决策等而涉及的无形资产纠纷

8.下列各项属于以交易为目的的无形资产评估的有（　　）。

A.单项无形资产的所有权转让　　B.单项无形资产的使用权转让

C.无形资产组合的使用权转让　　D.无形资产组合的所有权转让

9.下列各项适用于无形资产评估的假设有（　　）。

A.清算假设　　B.货币假设

C.公开市场假设　　D.持续使用假设

10.下列各项中，评估值较高的无形资产有（　　）。

A.收益高的无形资产　　B.技术比较成熟的无形资产

C.使用中风险较大的无形资产　　D.使用中风险比较小的无形资产

三、判断题（正确的在括号内打“√”，错误的打“×”）

1.无形资产评估必须和无形资产的经济属性——价值属性联系起来。（　　）

2.在以质押为目的的无形资产评估中，商誉是可以用来抵押的一种无形资产。（　　）

3.确认无形资产的存在，主要是验证无形资产的来源是否合法，产权是否明确，经济行为是否合法有效。（　　）

4.评估企业外购无形资产，可以根据该无形资产的现时取得成本及其获利能力评估其价值。（　　）

5.通过无形资产的鉴定，能得到无形资产的价值。（　　）

四、思考分析

1.无形资产评估具有哪些特征？

2.无形资产的评估目的有哪些？

3.你认为在无形资产评估中应该坚持哪些原则?

任务三 影响无形资产评估价值的因素

一、单项选择题（每题只有一个正确选项，请将正确选项填在括号内）

1.甲公司是一家知名的IT企业，主要业务为硬件生产和IT服务。2002年，该公司敏锐地发现在互联网快速发展的背景下，电子商务会有很好的前景，决定进行业务全面转型，出售硬件业务，变身为电子商务整体解决方案提供商。该公司根据宏观分析中的（ ）因素做出这个决策。

A.政治和法律因素　　B.产业因素

C.技术因素　　D.经济因素

2.下列各项中，对无形资产评估价值不产生影响的因素是（ ）。

A.无形资产的取得成本　　B.机会成本

C.同行业同类无形资产之间的竞争　　D.市场供需状况

3.由于我国国家经济发展规模的不断扩大，经济发展速度和水平得到前所未有的提升，吸引无数外商在我国投资，这体现了无形资产评估影响因素中的（ ）。

A.政治和法律因素　　B.技术因素

C.社会文化因素　　D.宏观与区域经济因素

二、多项选择题（每题有两个或两个以上正确选项，请将正确选项填在括号内）

1.无形资产发挥作用的方式明显区别于有形资产，因而在评估时需要特殊考虑的因素有（ ）。

A.无形资产附着于有形资产发挥其固有功能

B.无形资产的共益性

C.无形资产的积累性

D.无形资产的不可相互替代性

2.下列各项会对无形资产评估价值产生影响的有（ ）。

A.所有者状况　　B.机会成本　　C.使用期限　　D.技术因素

3.下列各项属于影响无形资产评估价值的因素的有（ ）。

A.效益因素　　B.取得成本　　C.技术成熟程度　　D.评估方法

4.关于影响无形资产价值评估的因素，下列说法正确的有（ ）。

A.传播面越大，其价值也就越小

B. 在社会、环境、制度允许的条件下，获利能力越强，其评估值越高

C. 更新换代越快，无形损耗越大，其评估值越低

D. 适用范围越广，适用程度越高，需求量越大，其评估值就越高

5. 下列各项中可能影响无形资产价值的宏观经济前景主要包括（　　）。

A. 国家产业政策　　B. 行业发展水平

C. 技术发展水平　　D. 国家宏观调控手段

三、判断题（正确的在括号内打“√”，错误的打“×”）

1. 无形资产的机会成本不会影响无形资产评估价值。（　　）

2. 无形资产的适用范围越广，适用程度越高，需求量越大，价值越高。（　　）

3. 专利权或非专利技术等无形资产作用的发挥需要借助于专用设备、特殊工艺等载体来实现，这些载体的软实力不会对无形资产价值产生影响。（　　）

4. 在无形资产评估中，法律因素、风险因素对无形资产价值不会产生影响。（　　）

5. 国家有关的经济体制改革是影响无形资产价值的宏观经济前景因素之一。（　　）

四、思考分析

1. 简述影响无形资产评估价值的因素有哪些。

2. 分析说明市场供需状况对无形资产评估价值的影响。

五、综合训练

A公司是一家手表企业，拥有“百花”牌驰名商标，为扩大企业市场竞争力，拟以“百花”牌驰名商标与B公司合资，于2020年10月30日和B公司达成合作协议成立C公司，以发挥各自的商标优势和资金优势。为合理确定A公司所占的股份，现委托中青资产评估事务所对A公司拥有的“百花”牌手表商标使用权价值进行评估。

要求：（1）根据案例说明评估主体、评估对象、评估目的、价值类型、评估依据及评估假设。

（2）在评估中应考虑评估价值的影响因素有哪些？

项目二

无形资产评估程序

任务一　无形资产评估程序概述

一、单项选择题（每题只有一个正确选项，请将正确选项填在括号内）

1.无形资产的评估程序包括：①确定评估方法；②鉴定无形资产；③明确评估目的；④编写评估报告，做出评估结论；⑤搜集相关资料。其正确的排序是（　　）。

A.①—②—③—④—⑤　　B.⑤—③—①—②—④

C.③—②—⑤—①—④　　D.②—③—⑤—①—④

2.作为资产评估中的重要组成部分，无形资产的评估程序与其他资产评估程序基本相同的是（　　）。

A.工作内容　　B.工作目的

C.工作环节　　D.工作性质

二、多项选择题（每题有两个或两个以上正确选项，请将正确选项填在括号内）

1.执行无形资产评估程序时，应注意（　　）。

A.评估机构和人员应该健全建立自己的评估程序

B.评估机构和人员应该认真履行适当的评估程序

C.评估机构应该指导和监督评估程序的实施

D.评估程序部分无法履行，应考虑对评估结论的影响并在报告中披露，必要时拒绝接受委托

2.下列各项属于无形资产评估前期工作阶段的是（　　）。

A.洽谈资产评估业务　　B.签订资产评估业务委托合同

C.编制资产评估计划　　D.无形资产现场调查

3.下列各项属于无形资产评估现场工作阶段的是（　　）。

A.无形资产现场调查　　B.确认无形资产的存在

C.收集、验证评估资料　　D.形成评估结论

三、判断题（正确的在括号内打“√”，错误的打“×”）

1.资产评估程序是规范无形资产评估行为，提高评估业务质量的重要保证。（　　）

2.资产评估机构及其资产评估专业人员不得随意减少无形资产评估基本程序。（　　）

3.资产评估机构及其资产评估专业人员应当根据无形资产评估业务的具体情况以及重要性原则确定所履行各基本程序的繁简程度。（　　）

四、思考分析

1.资产评估师在进行无形资产评估时，应当遵循哪些评估程序？

2.说明无形资产评估程序的重要性。

任务二　无形资产评估前期工作阶段

一、单项选择题（每题只有一个正确选项，请将正确选项填在括号内）

1.在无形资产评估程序中，下列各项属于要明确无形资产评估业务基本事项的是（　　）。

A.无形资产评估计划类型　　B.无形资产评估业务约定书格式

C.无形资产评估过程中的具体步骤　　D.无形资产评估基准日

2.下列关于无形资产评估的基本事项中，在确定评估对象时，不需要明确的因素是（　　）。

A.无形资产的存在　　B.无形资产依托的有形资产

C.无形资产的类型　　D.无形资产的有效期限

3.制订无形资产评估方案最核心的步骤是（　　）。

A.无形资产评估项目的尽职调查　　B.无形资产评估对象的确定

C.无形资产评估方法的确定　　D.无形资产清查

4.（　　）是评估机构和评估专业人员为执行无形资产评估业务，履行评估合同而拟定的无形资产评估工作思路和实施方案。

A.无形资产评估委托合同　　B.无形资产评估现场调查

C.无形资产评估方法的确定　　D.无形资产评估计划

二、多项选择题（每题有两个或两个以上正确选项，请将正确选项填在括号内）

1.在明确无形资产评估对象后，评估专业人员还需要进一步了解评估对象的特征，下列各项表述正确的有（　　）。

A.确认无形资产的存在　　B.确认无形资产的种类

C.确认无形资产的有效期限　　D.确认无形资产带来的未来经济利益

2.在无形资产评估过程中，明确基本事项时，需要明确委托人、产权持有人和委托人以外的其他评估报告使用人的内容包括（　　）。

A.明确委托人及产权持有人的基本情况

B.明确评估报告使用人

C.了解委托人与相关当事人之间的关系

D.明确评估目的

3.资产评估师在执行无形资产评估业务前，应当确定的事项有（　　）。

A.评估目的　　B.评估范围

C.评估基准日　　D.评估方法

4.资产评估师对无形资产评估的基本事项做（　　）因素的分析，以确定是否承接该评估项目。

A.评估项目风险　　B.专业胜任能力

C.独立性　　D.评估基准日

5.当发生（　　）事项时，资产评估师可以接受委托，执行无形资产评估业务。

A.无形资产转让和投资　　B.无形资产收购

C.企业整体资产收购　　D.企业整体资产处置

6.下列各项属于无形资产评估业务约定书的基本内容的有（　　）。

A.评估目的　　B.评估基准日

C.评估计划　　D.评估服务费

7.下列各项属于无形资产评估计划应当重点考虑的因素有（　　）。

A.评估基准日　　B.评估收费

C.评估目的　　D.评估对象状况及性质

8.利用专家工作是无形资产评估过程中可能遇到的问题，那么在利用专家工作时，下列各项中说法正确的有（　　）。

A.执行某项特定业务缺乏特定的专业知识和经验时，应当采取弥补措施

B.利用专家工作，包括聘请专家个人协助工作

C.利用专家工作，不包括利用专业报告

D.引用单项无形资产评估报告应当与委托人事先约定

三、判断题（正确的在括号内打“√”，错误的打“×”）

1.资产评估机构和评估人员在接受无形资产评估业务委托之前，应当与委托人等相关当事人讨论资产评估事宜。（　　）

2.无形资产评估委托合同签字盖章包括企业法人盖公章和法定代表人签字或盖章。（　　）

3.资产评估机构开展无形资产评估业务应当与委托人订立无形资产评估计划。（　　）

4.所有的无形资产评估项目都应该制订资产评估计划。（　　）

5.资产评估机构和人员应当与委托方就无形资产评估目的达成明确清晰的共识并尽可能细化资产评估目的。（　　）

四、思考分析

1.明确无形资产评估业务基本事项的内容是什么？

2.如何和委托方签订无形资产评估委托合同？

任务三　无形资产评估现场工作阶段

一、单项选择题（每题只有一个正确选项，请将正确选项填在括号内）

1.当评估专业人员在执行无形资产评估业务时，应当要求委托人和相关当事人提供无形资产的（　　）。

A.所有权　　B.使用权　　C.转让权　　D.处分权

2.在无形资产评估过程中，要想了解和掌握无形资产，并对其进行科学的分类和价值构成要素的分析，需要着重把握（　　）。

A.无形资产的价值　　B.无形资产的性质

C.无形资产的期限　　D.无形资产的管理

3.下列各项中，属于确定无形资产存在以及以何种方式存在的主要依据，也是评估无形资产价值的重要出发点的是（　　）。

A.无形资产权利的法律文件或者其他证明资料

B.无形资产获利能力的相关资料

C.无形资产性质和特征、目前和历史发展状况的相关资料

D.无形资产的剩余经济寿命和法定寿命、保护措施的相关资料

4.下列各项关于无形资产存在性的说法中，不正确的是（　　）。

A.核实有关资产的真实性和可靠性

B.核查无形资产的归属是否为委托人所拥有或为他人所有

C.商标没有被使用时，可以认定为无形资产

D.分析评估委托的资产是否形成了无形资产

5.下列各项有关无形资产清查核实的说法错误的是（　　）。

A.无形资产清查核实的主要方法包括：查验资料、访谈、函证、现场查勘

B.查验资料的主要内容包括：查验权属证明资料、查验生产经营资料、查验技术资料

C.访谈一般包括对管理人员的访谈、对无形资产研发人员的访谈、对实施生产人员的访谈、对客户的访谈

D.在无形资产评估中，函证并不是必要的程序

6.无形资产清查核实的主要方法包括查验资料、访谈、现场查勘等，下列各项中不属于现场查验资料内容的是（　　）。

A.查验权属资料

B.查验无形资产相关的生产经营资料

C.查验无形资产所属企业财务资料

D.对销售收入的函证

7.下列各项中，有关反映无形资产性质和特征、目前和历史发展状况的相关资料论述不正确的是（　　）。

A.不同类型的无形资产，其性质和特征存在差异，在企业经营活动中发挥作用的角度也不同

B.专利资产、专有技术从发明新产品、技术创新方面对企业的经营活动发挥作用，以全面提升企业技术实力和产品竞争力

C.评估专业人员执行无形资产评估业务，应当关注所评估无形资产属于哪一类无形资产，具有什么样的特征

D.只有掌握无形资产的历史发展状况，才能抓住重点并采取针对性的评估程序和方法，客观、有效率地完成评估工作

8.无形资产评估信息按照其来源渠道不同，可以分为内部和外部两大类，下列属于内部信息的是（　　）。

A.政府网站公布的信息　　B.相关当事人提供的信息

C.评估机构提供的信息　　D.从市场获取的信息

9.对无形资产进行评估时，必须要确定无形资产的未来收益期限，下列各项标准中正确的是（　　）。

A.法定寿命作为未来收益期限

B.经济寿命作为未来收益期限

C.法定寿命与经济寿命二者取其高者作为未来收益期限

D.法定寿命与经济寿命二者取其低者作为未来收益期限

10.无形资产外部信息的获取途径一般不包括（　　）。

A.相关学术出版物　　B.相关法律出版物

C.政府监管部门　　D.委托人和相关当事方

11.相关政府部门信息公开越来越充分，从这些渠道获得的信息可靠性、权威性很高，下列各项对应错误的是（　　）。

A.国家版权局涉及著作权　　B.国家知识产权局涉及专利权

C.国家知识产权局商标局涉及商标　　D.司法部涉及土地使用权

12.下列各项关于定性分析资料错误的是（　　）。

A.一级信息是从信息源得来的未经处理的事实，可靠性高，是评估专业人员进行分析最重要的资料

B.二级信息是变动过的信息，如证券分析师的投资分析报告

C.二级信息需要去伪存真和去粗取精的分析

D.定性分析资料需要尽量使用接近财务报告日的相关资料

13.为了更全面地了解目标公司及所处产业的状况，评估专业人员获取的证券分析师的投资分析报告属于（　　）。

A.一级信息　　B.二级信息　　C.三级信息　　D.四级信息

14.评估资料按照信息来源可以划分为（　　）。

A.可用性评估资料和不可用性评估资料

B.有参考价值的评估资料

C.按一定目的不可改动的信息资料

D.未经处理的信息和有选择地加工的信息

15.无形资产评估信息资料的可靠性可通过（　　）来衡量。

A.信息量和信息源的可靠性

B.信息源的可靠性

C.信息源的可靠性和资料本身的准确度

D.信息量和信息本身的可靠性

16.无形资产评估信息分析的过程，就是建立（　　）这个支持性逻辑链条的过程。

A.评估信息资料—评估模型—评估方法—评估参数—评估结果

B.评估信息资料—评估方法—评估模型—评估参数—评估结果

C.评估信息资料—评估参数—评估模型—评估方法—评估结果

D.评估信息资料—评估模型—评估参数—评估方法—评估结果

二、多项选择题（每题有两个或两个以上正确选项，请将正确选项填在括号内）

1.因为无形资产的特殊性，其现场调查主要是进行无形资产的清查核实，下列各项属于无形资产清查核实的目的有（　　）。

A.明确评估对象和评估范围　　B.确认无形资产的存在

C.进一步验证收集信息资料的支持性　　D.明确评估目的

2.通过无形资产的清查核实，可以解决的问题有（　　）。

A.确认无形资产存在　　B.明确评估对象和范围

C.确定其获利能力　　D.进一步验证收集信息资料的支持性

3.在无形资产评估过程中，可以用来证明无形资产权利存在的具体法律文书包括（　　）。

A.专利证书　　B.商标注册证书

C.税务登记证书　　D.著作权证书

4.对无形资产专利进行评估时，需要了解评估对象特征，下列有关确认无形资产存

在的论述，正确的有（　　）。

A.确认无形资产的存在，首先应验证无形资产来源是否合理，产权是否明确

B.确认无形资产的存在，需要查询被评估资产的内容等，核实有关资产的真实性和可靠性

C.分析无形资产的使用要求及与之相适应的特定技术条件和经济条件，鉴定其应用能力

D.核查无形资产的归属是否为委托者所拥有或为他人所有

5.在无形资产评估过程中，验证委托单位提供的证件和资料有（　　）。

A.法定资料　　B.权属证明资料

C.生产经营资料　　D.财务资料

6.对无形资产评估对象法律权属资料核查验证的方式通常包括（　　）。

A.到相关产权登记部门现场查询　　B.通过公开的信息渠道进行查询

C.和委托方的律师进行核对　　D.核对原件与复印件的一致性

7.下列各项属于无形资产清查核实的主要方法有（　　）。

A.查验资料　　B.访谈　　C.现场查勘　　D.函证

8.在无形资产分析中，外部信息在帮助评估专业人员进行无形资产收益预测、经济寿命期限确定、未来风险判断等方面都具有重要参考价值。这里指的外部信息包括（　　）。

A.宏观经济资料

B.无形资产相关外部监督、法律法规资料

C.行业状况及发展前景资料

D.无形资产所属领域发展水平、市场交易、替代无形资产及竞争对手相关资料

9.下列各项属于可以获取无形资产相关的外部信息的途径有（　　）。

A.学术及法律出版物　　B.行业出版物或相关网站

C.新闻　　D.法庭案例

10.无形资产评估中，搜集、整理和分析外部信息的作用包括（　　）。

A.外部信息对内部分析预测资料进行独立验证

B.外部信息可以帮助评估专业人员进行无形资产收益预测

C.外部信息可以帮助评估专业人员进行无形资产经济寿命期限确定

D.外部信息可以帮助评估专业人员进行无形资产未来风险判断

11.下列各项属于无形资产实施应用的行业状况及发展前景资料的有（　　）。

A.行业在国民经济生活中的重要性及竞争力资料

B.该行业抗风险能力资料

C.经济周期波动性资料

D.行业（产业）政策资料

12.在无形资产评估中，对定量分析资料的整理和数据提取表述正确的有（　　）。

A.定量数据查验包括追溯数据项目的原始来源文件，以确保数据被正确记录和总结

B.定量数据查验包括数据重建和调整某些数据，以确保没有遗漏重要的信息
C.定量数据查验包括对收益预测增长率与历史趋势一致性的分析、对宏观经济及行业发展趋势一致性的分析等
D.定量数据查验包括清楚各账目或数据中包含和不含哪些要素，如成本构成要素内容

13.下列各项中，关于无形资产评估定量分析的说法中正确的有（　　）。
A.税前现金流应该采用税前折现率
B.税后现金流应该采用税前折现率
C.成本法剩余经济寿命不应与收益法收益预测期限一致
D.成本法剩余经济寿命与收益法收益预测期限应该一致

14.评估专业人员需要通过实施查验程序，确保数据准确完备，并可用于评估分析。定量数据查验通常包括（　　）。
A.数据准确性检查　　B.数据完整性检查
C.数据的记录　　D.数据的分析

15.评估资料按照可用性原则可以划分为（　　）。
A.可用性评估资料
B.有参考价值的评估资料
C.不可用性评估资料
D.没有价值的评估资料

16.下列各项属于无形资产相关的外部信息的有（　　）。
A.无形资产交易、质押、出资情况、市场交易的相关资料
B.无形资产所属领域发展水平、市场交易相关资料
C.无形资产实施应用的行业状况及发展前景资料
D.无形资产所属领域竞争对手相关资料

17.在无形资产的信息分析中，下列各项说法不正确的有（　　）。
A.经过整理、分析后的二级信息比初始的一级信息可靠性要高
B.成本法剩余经济寿命与收益法收益预测期限一致
C.计算净资产收益率时，净资产采用期末数
D.定量数据查验通常包括数据真实性检查、数据完整性检查和数据的记录

三、判断题（正确的在括号内打“√”，错误的打“×”）

1.对于没有实物形态的无形资产，清查核实的目的是确定评估价值。（　　）
2.因为无形资产的特殊性，其现场调查主要是进行无形资产的清查核实。（　　）
3.企业提供的申请表必须经过资产评估师的核对和验证，目的是分清企业责任和评估师的责任。（　　）
4.为了使收集的资料避免信息不对称，要从所有者内部和外部两方面入手收集。（　　）
5.只要是从公开媒体取得的信息资料就可以直接用于资产评估。（　　）

6.若无形资产的获利期限短于其法定保护期限，评估时应该以法定保护期限作为无形资产的剩余寿命期。（　　）

7.资产评估机构和人员执业能力在一定程度上表现在其收集、占有与所执行项目相关的信息资料的能力上。（　　）

8.不同的无形资产，其发挥的作用形式不同，评估人员需要关注无形资产产品的盈利模式，借以发现无形资产发挥的作用形式。（　　）

9.资料时间越接近评估基准日，时效性越好。资料时间距基准日越长，时效性越差。（　　）

10.参数预测属于无形资产清查核实时常用的调研方法。（　　）

11.监察属于无形资产清查核实的主要方法之一。（　　）

12.无形资产相关外部监督、法律法规资料属于与无形资产相关的外部信息。（　　）

13.无形资产评估信息分析的过程，就是建立"评估信息资料—评估方法—评估模型—评估参数—评估结果"这个支持性逻辑链条的过程。（　　）

四、思考分析

1.无形资产清查核实的目的是什么？

2.进行无形资产评估时，应收集的与无形资产相关的内部信息有哪些？

任务四　无形资产价值评定估算形成结论阶段

一、单项选择题（每题只有一个正确选项，请将正确选项填在括号内）

1.评估专业人员在采用（　　）执行无形资产评估业务时，应当了解无形资产的法定寿命及相关保密措施，根据无形资产相关行业、技术发展情况估计无形资产剩余经济寿命，恰当选择无形资产的收益期限。

A.市场法　　B.收益法

C.成本法　　D.重置成本法

2.对无形资产价值评估，下列各项对选用收益法的描述说法不正确的是（　　）。

A.由经营者经过长时间积累出来的，如老字号商标、商誉等一般适合收益法

B.由特定权利许可的，其他人员不具有该许可的权利（如特许经营权）评估时一般适合收益法

C.由一些特定主体的创造性劳动产生的结晶，不能随意获取的专利、专有技术和著作权等一般适合收益法

D.在重置无形资产技术上可行，重置其所需要物化劳动易于计量一般适合收益法

3.无形资产市场法应用的关键是（　　）。

A.可比信息　　B.历史信息　　C.市场信息　　D.行业信息

4.下列各项中，采用成本法评估无形资产所必需的资料不包括（　　）。

A.无形资产预期收益情况　　B.无形资产成本构成明细

C.无形资产开发研究时间　　D.无形资产预期经济寿命数据

5.评估专业人员执行无形资产评估业务时，应选用适当的评估方法对无形资产进行评估。无形资产的评估方法不包括（　　）。

A.市场法　　B.成本法　　C.收益法　　D.路线价法

二、多项选择题（每题有两个或两个以上正确选项，请将正确选项填在括号内）

1.下列各项属于无形资产评估方法选择应考虑的主要因素的有（　　）。

A.评估方法选择与评估要素相一致

B.评估方法的选取应当与资料收集情况相适应

C.评估方法选择需要综合分析三种基本方法的适用性

D.评估方法选择应与计算公式相一致

2.下列各项属于无形资产价值预测估算阶段的操作程序的有（　　）。

A.确定评估无形资产价值类型、确定评估技术思路

B.选择适当的评估方法和计算公式

C.选择评估技术参数

D.对评估对象预测值分析，调整估测评估值

3.在采用收益法对无形资产进行评估时，下列各项属于需要把握的关键参数的有（　　）。

A.收益期限　　B.收益额　　C.折现率　　D.重置成本

4.应用市场法对无形资产进行评估时，（　　）是需要必须具备的基本条件。

A.能够搜集到可比交易案例

B.必须具有足够数量的参照物

C.市场上的参照物与被评估资产的功能相同或相似

D.可以收集到被评估资产与参照物可比较的指标和技术参数

5.采用市场法评估无形资产，特别要注意被评估无形资产必须具备适合运用市场法的前提，下列各项不属于市场法评估无形资产的适用前提的有（　　）。

A.活跃的公开市场　　B.可比的资产

C.被评估资产预期收益可以预测　　D.具有可利用的历史资料

6.成本法也是无形资产评估的基本方法之一。下列各项属于应用成本法进行无形资

产评估必须具备的基本条件有（　　）。

A.评估对象具有可替代性

B.重置该无形资产技术上可行，重置其所需的物化劳动易于计量

C.重置该无形资产法律上可行

D.需要获得确切的成本投入资料

7.一般情况下，采用成本法评估的无形资产拥有的特征有（　　）。

A.该无形资产具有可替代性　　B.重置该无形资产技术上可行

C.重置该无形资产法律上可行　　D.重置该无形资产时间上可行

8.对于无形资产评估，原则上需要综合分析三种基本方法的适用性，然后恰当选择一种或多种。一般情况下，具有下列特征的无形资产可以采用成本法评估有（　　）。

A.具有可替代性　　B.具有可比案例

C.重置该无形资产技术上可行　　D.重置该无形资产法律上可行

三、判断题（正确的在括号内打“√”，错误的打“×”）

1.无形资产评估方法的选择会受到许多因素的影响，其中，评估目的、评估对象、价值类型是重要的影响因素。（　　）

2.市场法一般适合评估技术、顾客关系、商标、特许经营权等类无形资产。（　　）

3.成本法比较适合评估第三方购买、内部开发和使用的计算机软件、著作权资产。（　　）

4.“选用使得最终评估值最大的评估方法”是无形资产评估方法选择的考虑因素之一。（　　）

四、思考分析

1.在无形资产评定估算阶段，选择评估方法应考虑的主要因素有哪些？

2.说明无形资产评估方法选择思路。

任务五　无形资产评估后期工作阶段

一、单项选择题（每题只有一个正确选项，请将正确选项填在括号内）

1.评估机构的内部审核可以采用多种层次和形式，目前实践中多实行三级审核制度。下列各项不属于三级审核制度的是（　　）。

A.评估师对评估初稿进行复核

B.评估项目复核人（总审核师）进行专业技术审核

C.评估机构负责人进行最终审核

D.评估项目负责人（或部门经理）对评估工作底稿和报告初稿进行复核

2.下列各项属于评估机构负责人对无形资产评估报告进行最终审核内容的是（　　）。

A.评估方法是否合理恰当，重要的参数确定是否有依据、假设是否恰当

B.评估结论是否合理充分，是否符合逻辑判断

C.报告是否符合规定的格式、重大事项是否已充分披露

D.评估结论及披露是否恰当

二、多项选择题（每题有两个或两个以上正确选项，请将正确选项填在括号内）

1.下列各项属于评估机构对无形资产评估报告审核内容的有（　　）。

A.对评估程序履行情况的复核

B.对评估方法、评估技术思路合理性的复核

C.对最终评估结论合理性的复核

D.对评估报告合规性的复核

2.评估项目负责人（或部门经理）对评估工作底稿和报告初稿进行一级复核，其主要内容包括（　　）。

A.是否对企业的经营状况进行了解，是否正确地评价了评估风险

B.评估程序是否按计划要求进行，如果计划调整，是否经过批准

C.是否按照规定的资产评估程序进行评估，并编制了相应的工作底稿

D.评估依据是否真实可信，评估方法的运用是否合理、正确

3.评估机构应当以无形资产评估委托合同约定的方式向委托人提交无形资产评估报告。提交无形资产评估报告需要完成的步骤有（　　）。

A.与委托人进行交流和沟通　　B.补充、修改评估报告初稿

C.处理重大问题　　D.出具和提交无形资产评估报告

三、判断题（正确的在括号内打“√”，错误的打“×”）

1.评估专业人员在形成初步无形资产评估结论后就可直接编制无形资产评估报告

初稿。（　）

2.评估报告的格式是否合规，推理是否符合逻辑，文字、数据有无错误是评估项目复核人（总审核师）进行专业技术审核（二级审核）的内容之一。（　）

3.根据规定或委托方的要求正式出具无形资产评估报告书，并向委托方提交无形资产评估报告，同时向委托人收款。（　）

4.资产评估机构和人员在向委托方提交资产评估报告后，应当及时将资产评估工作底稿归档，并由所在评估机构按照国家有关档案管理法律、法规及规定妥善管理。（　）

四、思考分析

1.说明无形资产评估报告初稿内部审核的主要内容。

2.阐述评估机构内部审核制度的内容。

3.说明提交无形资产评估报告需要完成的步骤。

五、综合训练

某铁路集团下属W企业，主要生产铁路系统专业电子产品。2017年1月10日，W企业任命技术人员侯某为项目组长，投资20万元研究Q铁通软件，同年10月5日软件研制成功，当时与购货单位（包括路外单位）签订了3年总值为1 180万元的供货合同。侯某在软件研究成功后为一己私利没得到满足而怀恨在心，竟将该Q铁通软件覆盖、压缩、加密，将其他文件毁掉，自带软件拷盘，擅离岗位到路外与人合作开发相似软件，造成W企业停产，合同不能执行，经集团总公司批准再次投入人、财、物力进行开发补救发生的损失。2017年11月13日，W企业向路内公安处报案，但没有就其经济损失提出民事索赔要求。2018年3月13日，路内公安处将侯某抓捕归案，侯某对自己盗毁软件的行为供认不讳。公安处随即将此案报告铁道部公安局，部公安局派员参与路内公安处进一步侦查，核算其损失额。路内公安处委托中青资产评估事务所对其损失进行评估。

要求：(1) 请根据以上资料说明本案例的评估基准日、评估对象、评估目的。

(2) 请根据以上资料说明本案例中评估的依据、评估假设和价值类型。

(3) 你将如何做出评估方案，采取什么评估方法计算Q铁通软件的经济损失额。

(4) 资料中提到的“研制成本和补救再开发成本”是否可以理解为Q铁通软件的“重置成本”，而后的收益损失是否可以理解为Q铁通软件预期收益现值?

(5) 如果将重置成本与预期收益之和作为损失补偿是否应将两种评估结果相加？这样是否存在重复计算问题?

项目三

无形资产评估方法

任务一 收益法在无形资产评估中的应用

一、单项选择题（每题只有一个正确选项，请将正确选项填在括号内）

1.对无形资产价值进行评估时，下列各项说法正确的是（ ）。

A.收益法是唯一的方法　　B.收益法、市场法、成本法都适用

C.只能采用收益法和市场法　　D.只能采用收益法和成本法

2.企业总收益由三种收益组成，一般认为因企业无形资产的运用所产生的收益是（ ）。

A.资金收益　　B.技术收益　　C.管理收益　　D.劳动力收益

3.采用收益法评估无形资产，常用的具体应用方法一般不包括（ ）。

A.许可费节省法　　B.增量收益法

C.倍加系数法　　D.超额收益法

4.许可费节省法是评估无形资产常用的方法，下列关于在运用许可费节省法评估过程中需要注意的事项的说法不正确的是（ ）。

A.许可费是否在税前抵扣对评估结果影响很大

B.许可费节省法多用于无形资产使用权转让、出租的评估，主要包括商标、专利等

C.市场上明显相似的资产的许可费率应该相同

D.许可费节省法通常衡量的是无形资产的部分权利的价值，并非无形资产全部的价值

5.实务中“入门费”经常是根据无形资产的转让方转让无形资产过程中所需要的（ ）估算的。

A.收入　　B.直接费用　　C.成本　　D.间接费用

6.除了重置成本净值外，下列各项也属于无形资产最低收费额决定性因素的是（ ）。

A.无形资产转让的机会成本　　B.无形资产转让成本分摊率

C.无形资产转出的净收益　　D.无形资产许可费率

7.通过未使用无形资产与使用无形资产的前后收益情况对比分析，确定无形资产带来的收益额，并对收益额进行折现求取无形资产价值的方法是（ ）。

A.溢价利润法　　B.差额法

C.分成率法　　D.要素贡献法

8.增量收益是通过比较企业拥有被评估无形资产时所产生的收益与不拥有该无形资产时所产生收益的差额，评估无形资产的价值。下列各项关于“差额”的说法正确的是（ ）。

A.差额全是收入增长型

B.差额全是费用节约型

C.差额是收入增长型和费用节约型两部分的和

D.既然是增量收益法，只用考虑收入增长型的部分

9.无形资产增量收益测算中，下列各项属于收入增长型的表现形式的是（　　）。

A.其他条件不变，单价降低　　B.其他条件不变，销量提高

C.其他条件不变，单位成本降低　　D.其他条件不变，生产量提高

10.合理判断和计算被评估无形资产所产生的增量收益，是使用（　　）时特别需要注意的。

A.许可费节省法　　B.贴现率法　　C.超额收益法　　D.增量收益法

11.下列各项关于增量收益法的说法，错误的是（　　）。

A.增量收益是企业被评估无形资产与类似无形资产所产生的收益差额

B.增量收益法可用于评估收入增长型和费用节约型两种无形资产的价值

C.采用增量收益法评估无形资产的折现率有别于企业价值评估的折现率

D.增量收益法通常是在市场上许可费率数据不可获得或不可靠的情况下采用

12.甲公司生产某项产品，单位成本为每台10元，产品的月销售量平均为10 000台。为在竞争中处于优势，该企业本月引进了一项新专利技术，使用后产品的单位成本降低至8元，假设月销售量不变，则该项专利技术带来的增量收益为（　　）元。

A.80 000　　B.20 000　　C. 10 000　　D.15 000

13.某企业欲购买一项专利技术，预计使用后年收益额为200万元，该企业净资产总额为800万元，该企业所处行业的平均收益率为20%，则由该专利带来的年增量收益为（　　）万元。

A.60　　B.50　　C.40　　D.30

14.下列各项是用归属于目标无形资产所创造的收益的折现值来确定该项无形资产价值的评估方法是（　　）。

A.超额收益法　　B.增量收益法　　C.许可费节省法　　D.收益分成法

15.下列各项关于无形资产评估方法中，从整体收益中扣除其他相关贡献资产的相关贡献，计算剩余收益并折现的方法称为（　　）。

A.增量收益法　　B.溢价利润法　　C.超额收益法　　D.收益分成许可法

16.下列各项关于超额收益法论述正确的是（　　）。

A.采用超额收益法评估无形资产价值时，无形资产具有获得超额收益能力的期限才是真正的无形资产收益期限

B.著作权、计算机软件多是间接产生收益

C.专利权、专有技术、商标等多是直接收益方式

D.对于可辨认无形资产，应以其当前使用所产生的超额收益进行评估

17.无形资产评估中，下列各项不属于超额收益的主要产生方式的是（　　）。

A.直接收益方式　　B.间接收益方式

C.混合收益方式　　D.边际收益方式

18.下列各项无形资产中，主要由直接收益方式产生超额收益的是（　　）。

A. 专有技术　　B. 著作权　　C. 专利权　　D. 商标

19. 使用超额收益法对无形资产进行评估时，第一步就是确定超额收益，下列各项关于无形资产超额收益的说法错误的是（　　）。

A. 直接收益方式是指销售无形资产获得的收益，如著作权、软件

B. 间接收益方式是指通过为生产销售提供服务获得的收益，如专利权、商标权

C. 混合收益方式是指直接收益方式与间接收益方式的综合

D. 剔除其他资产的贡献，剩余收益就是无形资产的超额收益

20. 下列各项关于无形资产分成率的公式正确的是（　　）。

A. 销售收入分成率=销售利润分成率÷销售利润率

B. 销售利润分成率=销售收入分成率×销售利润率

C. 销售利润分成率=销售收入分成率÷销售利润率

D. 销售收入分成率=1-销售利润分成率

21. 采用分成率法测算无形资产收益分成时，最重要的一个步骤是（　　）。

A. 确定总收益额　　B. 确定无形资产收益额

C. 确定分成率　　D. 确定折现率

22. 技术类无形资产分成率的高低通常与技术类无形资产对应产品的（　　）的大小有关。

A. 资本成本率　　B. 营业净利润

C. 收入　　D. 销售利润率

23. 无形资产分成率的高低通常与对应产品的销售利润率的大小有关的企业类型是（　　）。

A. 收益类企业　　B. 技术类企业

C. 制造类企业　　D. 加工类企业

24. 甲企业以一项先进的技术向乙企业投资，该技术的重置成本为200万元，乙企业拟投入的资产重置成本为4 000万元，甲企业无形资产成本利润率为500%，乙企业拟合作的资产原利润率为25%，则无形资产投资的分成率为（　　）。

A. 12.5%　　B. 19.35%　　C. 15%　　D. 18.75%

25. 采用收益法评估无形资产时采用的折现率应包括（　　）。

A. 资金利润率、行业平均利润率　　B. 银行贴现率

C. 超额收益率、通货膨胀率　　D. 无风险利率加风险报酬率

26. 将无形资产的无风险报酬率和风险报酬率量化并累加，进而确定无形资产折现率的方法是（　　）。

A. 风险累加法　　B. 回报率拆分法

C. 边际分析法　　D. 经验数据法

27. 测算无形资产折现率时，回报率拆分法采用逆向研究的方式，从（　　）出发，倒推出被评估无形资产的回报率。

A. 企业整体回报率　　B. 有形资产回报率

C. 固定资产回报率　　D. 营运资金回报率

28. 下列各项关于无形资产评估折现率的说法中，正确的是（ ）。

A. 无形资产由于灵活性小、变通利用能力差，通常被认为是企业经营中风险最高的部分

B. 折现率的常用测算方法包括风险总和法和回报率拆分法

C. 无形资产评估中的折现率一般不高于有形资产评估中的折现率

D. 无形资产评估中的折现率即为企业价值评估中的折现率

29. 下列各项关于无形资产折现率的说法，错误的是（ ）。

A. 风险累加法需要逐项分析并量化无形资产面临的宏观风险与微观风险

B. 无形资产折现率一般高于有形资产折现率

C. 回报率拆分法中的企业整体回报率可采用资本资产定价模型确定

D. 折现率口径应与收益额口径保持一致

30. 下列各项不属于无形资产运营中的宏观风险的是（ ）。

A. 政策风险　　B. 商业化风险　　C. 法律风险　　D. 市场风险

31. 对无形资产中包含的所有者权益价值进行评估时，选择净资产收益率作为折现率，则预期收益额应选择（ ）。

A. 净现金流量　　B. 税后利润

C. 息前税后利润　　D. 息前现金净流量

32. 评估对象为某企业的无形资产，预计该无形资产在评估基准日后未来每年的收益维持在120万元的水平，并在第5年年末出售该无形资产，经专家分析认为，该无形资产在第5年年末的预期出售价格约为200万元，假定折现率为10%，该无形资产的评估值最接近（ ）万元。

A.455　　B.580　　C.655　　D.1 324

33. 法律或合同、企业申请书中分别规定法定有效期限和收益年限的，按（ ）确定无形资产有效期。

A. 法定有效期限　　B. 收益期限

C. 预计收益期限　　D. 法定有效期限与收益期限孰短

34. 某发明专利预期使用10年，已经使用4年，法律保护期还剩5年，由于该领域技术的发展，预计该技术还可以领先2年，则评估时评估师应该确定该专利技术的收益年限为（ ）年。

A.6　　B.5　　C.2　　D.10

35. 人们偏好的转变以及经济形势变化等，可能会缩短无形资产的（ ）。

A. 法定寿命　　B. 司法寿命　　C. 技术寿命　　D. 经济寿命

36. 下列各项中，不能用来确定无形资产收益期限的是（ ）。

A. 法定年限法　　B. 双倍余额递减法

C. 更新周期法　　D. 剩余经济寿命预测法

37. 在无形资产评估中，对法律和合同同时分别规定无形资产的有效期限和收益期限的，但时间长短不同，（ ）确定期限。

A. 依据法律规定　　B. 依据合同规定

C.按两者孰短原则　　D.按两者孰长原则

38.下列各项不适合作为无形资产收益期限的是（　　）。

A.法定期限　　B.合同有效期限

C.物理寿命　　D.经济寿命

39.下列各项关于许可费节省法、增量收益法和超额收益法三者的适用范围及适用性的说法错误的是（　　）。

A.许可费节省法多用于无形资产使用权转让、出租的评估

B.许可费节省法须在可比资产存在、经济行为双方独立、熟悉情况并且自愿的情形下适用

C.增量收益法通常是在市场上无法获得许可费率数据或许可费率数据不可靠的情况下采用，多用于评估两种无形资产的价值，即可以使企业产生额外的现金流量或利润，以及可以使企业获得成本节约的无形资产

D.超额收益法一般不用于企业合并对价分摊、商誉减值测试、可辨认无形资产减值测试等以财务报告为目的的无形资产评估

40.假如在国际市场上一般技术转让费不超过销售收入的1%至10%，如果按社会平均销售利润率10%推算，当技术转让费为销售收入的3%时，则利润分成率为（　　）。

A.20%　　B.25%　　C.30%　　D.35%

二、多项选择题（每题有两个或两个以上正确选项，请将正确选项填在括号内）

1.在资产评估中，适用于无形资产评估的基本方法有（　　）。

A.市场比较法　　B.重置成本法　　C.收益现值法　　D.清算价格法

2.收益法评估无形资产的具体应用形式包括（　　）。

A.许可费节省法　　B.增量收益法　　C.超额收益法　　D.差额法

3.无形资产收益法一般适合评估（　　）。

A.特许经营权　　B.顾客关系　　C.商标　　D.计算机软件开发

4.无形资产评估时，用收益法评估应用的各项技术经济指标的确定包括（　　）。

A.无形资产有效期限的确定　　B.无形资产折现率的确定

C.无形资产收益额的确定　　D.无形资产成本的确定

5.收益法是无形资产评估中最为常用的方法，其中许可费节省法的思路是测算由于拥有该项资产而节省向第三方定期支付许可使用费的金额，考虑税收影响后，通过适当的折现率折现，以此作为无形资产的价值。从评估思路中可以了解到许可费节省法必须要确定的参数有（　　）。

A.未来预期收益　　B.许可费　　C.许可期限　　D.折现率

6.下列各项对许可费节省法的表述，正确的有（　　）。

A.许可费节省法的基础是虚拟许可使用费，具体包括建立在每年经营业绩基础上的分成费

B.市场上明显相似的资产的许可费率可能会存在显著不同，因此以经营者要求的投资报酬率作为许可费率参数衡量的基础较为谨慎

C.许可费节省法多用于无形资产使用权的转让、出租的评估

D.许可费节省法也称为收益分成许可法

7.许可费节省法是评估无形资产常用的方法，下列各项关于许可费节省法期限的确定说法正确的有（　　）。

A.无形资产的许可期限一般短于其经济寿命年限

B.如果是针对有专门法律保护的无形资产，无形资产的许可期限还会短于其法定保护期限

C.在资产评估实践中，通常按照被评估无形资产相同或相近无形资产在法律或合同、企业申请书中的规定确定许可使用期限

D.如果是针对有专门法律保护的无形资产，一般以法律规定的期限确定其许可使用期限

8.许可费节省法是评估无形资产常用的方法，下列各项关于许可费节省法适用情形的说法正确的有（　　）。

A.许可费节省法多用于无形资产使用权转让、出租的评估

B.许可费节省法须在可比资产存在、经济行为双方独立、熟悉情况并自愿的情形下使用

C.无形资产评估对象存在“权利束”，且具有明确的标的设定，此情况下采用许可费节省法较为可行

D.许可费节省法只能反映无形资产的部分权利收益，对无形资产评估毫无意义

9.用增量收益法评估无形资产价值时，下列各项的说法正确的有（　　）。

A.增量收益是企业拥有被评估无形资产时所产生的收益与不拥有该无形资产时所产生收益的差异

B.增量收益是假定其他资产因素不变的情况下，通过将未使用无形资产与使用无形资产的前后收益情况对比分析得出的

C.无形资产具有获得增量收益能力的期限才是真正的无形资产收益期限

D.折现率或资本化率就是用于将该项资产的未来增量收益转换成现值或进行资本化的比率

10.下列各项关于增量收益法评估程序的一般步骤的说法正确的有（　　）。

A.确定增量收益　　B.分析和调整历史财务报表

C.确定折现率或资本化率　　D.确定收益期限

11.采用增量收益法评估无形资产价值时，增量收益主要通过未使用无形资产与使用无形资产前后收益情况的对比分析，确定无形资产带来的增量收益额，下列各项是通过降低成本带来增量收益的有（　　）。

A.提高产品质量，减少产品召回、废品及次品

B.提高经营效率，比如简化生产程序、降低资产维护费用

C.降低管理费用、广告费用、销售及促销费用、坏账支出等

D.减少或消除环境污染

12.下列各项中，属于无形资产在使用过程中节约成本的途径的有（　　）。

A.提高产品质量　　B.减少或消除环境污染
C.降低管理费用　　D.提高经营效率

13.在使用超额收益法的过程中，下列各项说法正确的有（　　）。
A.不能直接把组合收益归为仅由无形资产创造的超额收益
B.可以将组合收益直接归为目标无形资产创造的超额收益
C.不能将实际由无形资产带来的超额收益错误地归属于其他资产的贡献
D.须注意同一超额收益在多个预测期间是否重复归集至不同的资产

14.无形资产价值评估中，下列各项属于收益额的估算方法的有（　　）。
A.增量收益估算　　B.超额收益估算
C.收益分成估算　　D.折现率测算

15.无形资产价值评估中，下列各项属于折现率的估算方法的有（　　）。
A.风险累加法　　B.回报率拆分法
C.资本资产定价模型　　D.贝塔系数法

16.确定目标无形资产在总收益中的收益分成时，分成率确定是最为重要的一个步骤，下列各项中，属于评估专业人员需要考虑的事项有（　　）。
A.被评估无形资产所在企业的行业状况
B.被评估无形资产所在企业其他资产为创造收益所做贡献的相对重要性分析
C.市场上相同或类似无形资产转让协议中已知的分成情况
D.被评估无形资产所在企业的经营类型

17.下列各项无形资产价值评估中，利润分成率方法主要有（　　）。
A.回报率拆分法　　B.约当投资分成法
C.经验数据法　　D.要素贡献法

18.我国理论界所说的“三分法”，即经营活动中的三大要素，包括（　　）。
A.资金　　B.经济环境　　C.技术　　D.管理

19.无形资产收益确定的分成法包括（　　）。
A.边际分析法　　B.约当投资分成法
C.经验数据法　　D.要素贡献法

20.无形资产评估中，影响无风险报酬率高低的主要因素有（　　）。
A.平均利润率　　B.资金供求关系
C.政府调节　　D.银行存款利率

21.采用回报率拆分法测算无形资产折现率的步骤有（　　）。
A.将计算出的税后无形资产的投资回报率换算为税前口径
B.分析企业利润来源
C.确定企业整体回报率
D.将无形资产收益分离出来

22.下列各项属于无形资产收益期限确定原则的有（　　）。
A.法律或合同、企业申请书中分别规定有法定有效期限和收益年限的，可按照法定有效期限与收益年限孰短的原则确定

B.法律未规定有效期限，企业合同或申请书中规定有收益年限的，可按照规定的收益年限确定

C.法律和企业合同或企业申请书中均未规定有效期限和收益年限的，可按照预计收益年限确定

D.法律和企业合同或企业申请书中均未规定有效期限和收益年限的，无法确定收益年限

23.下列各项关于无形资产收益期限确定方法的说法正确的有（　　）。

A.法定有效期限是其经济寿命的上限

B.著作权、专利权、租赁权等均具有法律或合同规定的期限

C.法定（合同）期限内是否还具有盈利能力是分析无形资产收益期限的关键点之一

D.更新周期法根据无形资产的更新周期确定其剩余寿命，适用于所有专利权

24.无形资产并不存在实体，因此无形资产并不存在有形损耗，影响无形资产有效期限的因素与实物资产也不相同。下列各项关于无形资产有效期限描述正确的有（　　）。

A.由于无形资产的替代性的存在，新的、更为先进、更经济的无形资产随时可能会出现，新的更具有优势的无形资产会使旧无形资产失去价值，无法获得超额收益

B.无形资产传播面越大，越多人拥有，产生的超额收益就越大，它的价值也越大

C.当企业不再对某项无形资产的产出存在需求时，这种无形资产价值就会减少，甚至完全丧失价值

D.无论通过何种方式计算无形资产有效期限，无形资产具有获得超额收益能力的时间才是真正的无形资产有效期限

25.下列各项属于确定无形资产收益期限常用的方法有（　　）。

A.更新周期法　　B.累加法

C.法定年限法　　D.剩余经济寿命预测法

三、判断题（正确的在括号内打“√”，错误的打“×”）

1.虽然在具备一定条件的情况下，可以采用成本法和市场法，但评估无形资产价值的首选方法应是收益法。（　　）

2.收益法是无形资产评估中最为常用的方法，其中许可费节省法的思路是测算由于拥有该项资产而节省向第三方定期支付许可使用费的金额，考虑税收影响后，通过适当的折现率折现，以此作为无形资产的价值。从评估思路中可以了解到入门费是许可费节省法必须要确定的参数之一。（　　）

3.许可费节省法一般用于评估一项无形资产使用权价值，该价值比无形资产的所有权价值低。（　　）

4.许可费节省法不适用于无形资产侵权损失价值评估。（　　）

5.增量收益法主要用于评估两种无形资产的价值：第一种是使用无形资产可以产生

额外的利润或现金流量，即增加收入；第二种是使用无形资产可以带来成本的节省，即节省成本。（　）

6.增量收益法在使用过程中须注意保持预期收益口径与折现率或资本化率口径一致。（　）

7.通过未使用无形资产与使用无形资产的前后收益情况对比分析，确定无形资产带来的收益额，并根据收益额求无形资产价值的方法是差额法。（　）

8.超额收益法一般适用于对无形资产组合和无形资产与其他资产组合的评估。（　）

9.无形资产评估中，超额收益法属于常用的分成率测算方法。（　）

10.无形资产与相关联的资产对企业整体或资产组收益的贡献之和与企业整体或资产组正常收益相比后仍有剩余，这个剩余收益就是超额收益。（　）

11.经验数据法中的“三分（33%）”和“四分（25%）”都是基于利润计算的分成率。实务中不可以通过计算转换为收入分成率。（　）

12.折现率用以衡量获得增量收益所须承担的风险大小，可以采用风险累加法、WACC法等进行测算，同时须注意保持预期收益口径与折现率或资本化率的口径一致。（　）

13.无形资产评估中折现率往往要高于有形资产评估时的折现率。（　）

14.回报率拆分法属于折现率的测算方法。（　）

15.在资产评估实践中，通常依据法律或合同、企业申请书的规定确定无形资产的有效期限。（　）

16.无形资产剩余经济寿命应主要根据其带来的超额收益的时间判断。（　）

17.当无形资产的获利期限短于其法定保护期限，评估时应按照法定保护期限作为无形资产的剩余寿命期。（　）

18.采用超额收益法评估无形资产时，无形资产具有获得超额收益能力的期限才是真正的无形资产收益期限。（　）

19.无形资产价值受许多因素的影响，如科学技术进步等，使得其经济寿命缩短，收益期限可能比其法定有效期限短。（　）

20.无形资产的损耗价值量是确定无形资产有效期限的前提。无形资产的无形损耗将直接影响无形资产的剩余使用价值。（　）

四、思考分析

1.采用收益法评估无形资产价值时，无形资产收益额的确定可采用哪些方法？

2.说明无形资产预期收益类型、预期收益确定方法有哪些。

3. 无形资产评估中如果采用分成率法，则分成率的确定是最为重要的一个步骤，在选择分成率时，评估专业人员应该考虑哪些因素？

五、综合训练

1. 甲公司欲转让一项药品制作专利技术给乙企业，双方共同使用，经搜集得知，资料如下：转让方设计能力5 000万件，购买方设计能力3 000万件；该专利2年前从C企业引进，账面价值1 500万元，已使用2年，还可使用8年；该专利技术转出后，甲企业减少收益按折现值计算为600万元，增加研发费用以提高技术含量及保住市场份额的追加成本按现值计算为300万元；该技术2年内累计价格上涨率为5%。

要求：

（1）请评估该项药品制作专利技术许可使用的最低收费额；

（2）什么是最低收费额，决定最低收费额的因素是什么？

2.A公司以一项电子专利技术向B企业投资，该专利技术的重置成本为200万元，B企业拟投入资产的重置成本为6 000万元。A公司无形资产成本利润率为400%，B企业拟合作的资产原利润率为12%。预计项目投产后生产产品的销售利润为1 200万元，企业所得税税率为25%。

要求：

（1）计算A公司的无形资产投资的利润分成率；并说明无形资产利润分成率和销售收入分成率的关系。

（2）计算该电子专利技术的收益额。

3.A公司将一项专利使用权转让给B公司，拟采用利润分成的方法，该专利系5年前从C企业引入的，账面成本180万元，5年间物价累计上涨为5%，该专利技术法律保护期为20年，已过了8年，尚可保护12年，经专业人员测算，该专利技术成本利润率达到400%。B公司购买该专利技术时资产重置成本为5 000万元，成本利润率为12%，通过对该专利技术的论证，技术人员认为该专利技术剩余使用寿命为5年。另外通过对市场以及企业的状况分析，B公司实际生产能力为年产某种型号产品30万台，成本费用约为每台450元，未来5年产量及成本费用变动不大，该产品由于使用了该专利技术，性能有较大幅度的提高，未来第一年、第二年、第三年每台售价可达650元，在竞争的作用下为维护自身的市场占有率，第四年、第五年售价降为每台550元和500元。折现率为10%，税率为25%。

要求：

（1）根据以上资料计算利润分成率；

（2）计算该专利技术评估值；

（3）无形资产收益分成率有哪几种计算方法，并分别说明。

4.甲企业拥有某产品的专利技术使用权，该专利技术产品单位市场售价为1 000元/台，比普通同类产品单位售价高出100元/台。预计甲企业的年生产能力为10 000台，每台可以获得增量利润80元。预计甲企业利用该专利技术使用权持续获取增量利润的时间是10年，折现率为10%。

要求：

（1）说明增量收益法的评估思路；

（2）计算该专利技术使用权的价值。

5.甲公司拥有一项专利技术（W技术），该技术应用于A产品的生产。拟对该技术进行评估，采用直接估算法确定其收益额，假设有如下三种情形：

（1）甲企业的A产品在使用W技术前后的单位销售价格和单位成本不变，使用W技术后A产品的销售量为100 000件，未使用W技术时A产品的销售量为60 000件。A产品销售价格为8元/件，成本为3元/件。

（2）甲企业的A产品在使用W技术前后的销售量和单位成本不变，使用W技术后A产品的销售价格为11.5元/件，未使用W技术时A产品的销售价格为8元/件。A产品的销售量为60 000件，成本为3元/件。

（3）甲企业的A产品在使用W技术前后的销售量和销售价格不变，使用W技术后A产品的单位成本为0.5元/件，未使用W技术时A产品的单位成本为3元/件。A产品的销售量为60 000件，销售价格为8元/件。

经测算，前5年保持目前的增量收益水平，后5年每年可获取的增量收益为8万元。假设根据企业的资金成本率及相应的风险率，确定其折现率为10%。

要求：

（1）采用直接估算法分别计算确定上述三种情形下无形资产的增量收益额。

（2）假设无形资产的增量收益额用三种情形下的平均值表示，计算W技术的价值。

（3）请简述增量收益法的适用情形。

任务二 市场法在无形资产评估中的应用

一、单项选择题（每题只有一个正确选项，请将正确选项填在括号内）

1.对无形资产进行评估时，评估专业人员需要考虑现实交易中无形资产价值的计量方式和不同的价值计量方式会产生不同的评估技术思路的方法是（　　）。

A.收益法　　B.市场法　　C.成本法　　D.现行市价法

2.运用市场法评估无形资产会受到一定的限制，这个限制主要源于无形资产自身的（　　）。

A. 成本与其价值之间存在弱对应性

B. 独特性，同时将不同无形资产进行类比的要求和难度较大

C. 成本能够用收益法度量

D. 成本能够简单地复制

3. 下列各项中，属于无形资产评估中市场法的关键参数的是（　　）。

A. 可比交易信息　　B. 重置成本

C. 收益额　　D. 折现率

4. 无形资产价值计量方式可以划分为两种，从价计量方式和（　　）。

A. 总价计量方式　　B. 净价计征方式

C. 总量计征方式　　D. 市价计征方式

5. 所谓总价计量方式，就是以一个总价值计量一项无形资产的价值，也可以称为（　　）。

A. 相对计量方式　　B. 从价计量方式

C. 绝对计量方式　　D. 公允计量方式

6. 按照无形资产所组成的业务资产组可以获得的“单位收益”计量无形资产的价值，属于（　　）。

A. 总价计量方式　　B. 从价计量方式

C. 绝对计量方式　　D. 公允计量方式

7. 市场法评估无形资产的从价计量方式可以看成（　　）中的一个步骤。

A. 增量收益法　　B. 许可费节省法

C. 超额收益法　　D. 重置成本法

8. 不同无形资产应采用不同的价值计量方式，而不同的价值计量方式对应不同的评估技术思路，下列各项正确的是（　　）。

A. 一项无形资产，与其他有形资产组成一个业务资产组，决不允许采用总价计量方式

B. 采用市场法评估无形资产，可比对象比较容易找到，且总价计量方式操作简单，所以在实践中应用更广泛

C. 某项无形资产在特定业务资产组中测算的分成率不可以应用到其他规模的业务资产组中

D. “入门费+分成”的计量方式实际是采用总价计量方式测算一个入门费，然后外加一个从价计量方式的分成

9. 下列关于无形资产价值计量方式中，无形资产评估结果可以采用相对比率形式表现的是（　　）。

A. 总价计量方式　　B. 从价计量方式

C. 账面价值计量方式　　D. 交易价格计量方式

10. 总价计量方式下，应用市场法对无形资产进行评估时要选择合适的可比对象，关于可比对象的选择条件，下列各项说法错误的是（　　）。

A. 标的无形资产与可比无形资产的功效不同

B. 标的无形资产与可比无形资产的权利状态相同或相似

C. 标的无形资产与可比无形资产所处的发展阶段相同或相似

D. 标的无形资产与可比无形资产相同或相似

11.对于一项有形资产，如果其可以单独发挥作用，不需要与其他资产组成业务资产组，同时其发挥的能力可以单独确定并且其产生的预期收益可以合理确定，则比较合理的计量方式是（ ）。

A.总价计量方式　　B.从价计量方式

C.混合计量方式　　D.账面计量方式

12.下列各项属于许可费节省法计量方式的是（ ）。

A.总价计量方式　　B.从价计量方式

C.总价与从价相结合的计量方式　　D.以上说法均不正确

13.在市场法中，基于市场中可比的或相似的许可使用费率为基础确定许可费率时，其先决条件是（ ）。

A.必须存在可比较的无形资产，且这些无形资产是在公平市场上无限期被许可使用的

B.必须存在可比较的无形资产，且这些无形资产是在公平市场上定期被许可使用的

C.必须存在可比较的无形资产，且这些无形资产的有效期限、预期收益及获得预期收益的风险等参数可获取

D.必须存在可比较的无形资产，一个自愿的被许可方为获取使用权而愿意支付给一个自愿的许可方的金额，经过对比调整后作为评估对象的许可费用

14.一项无形资产，例如一项专利技术，往往不能单独发挥作用，一定需要与其他有形资产组成一个业务资产组共同发挥作用。下列各项中，能够决定该资产组发挥作用的是（ ）。

A.有形资产　　B.无形资产　　C.商誉　　D.技术

15.某新式材料制造业甲公司，为了测算其拥有的A技术对所生产的新材料收益的分成率，评估专业人员拟选国内同行业的上市公司作为对比公司，通过分析该行业中具有代表性的公司的经营情况来确定评估A技术的分成率。在本次评估中对比公司的选择标准符合要求的是（ ）。

A.企业从事相同类型新式材料制造业，连续两年亏损，至评估基准日已上市五年

B.企业从事化学原料及化学品制造业，至评估基准日上市三年，连续盈利五年

C.企业从事相同类型新式材料制造业，至评估基准日上市三年，连续持续盈利

D.企业从事相同类型新式材料制造业，至评估基准日上市三年，近年持续盈利

16.下列关于专利技术的价值总量说法正确的是（ ）。

A.即使专利技术的价值总量与该专利技术和其他有形资产可能组成的业务资产组的规模、大小不是密切相关的，也可以采用总价计量的方法对该专利技术进行评估

B.总价计量方式又称为公允计量方式

C.入门费通常包括转让方对受让方人员进行的操作培训费用

D.由于企业清算不是企业的日常经常活动，因此企业清算假设不是企业价值评估中的基本假设前提

17.在无形资产市场法评估中，通常需要对可比对象的分成率进行调整。下列各项关于分成率调整的说法中，不正确的是（　　）。

A.分成率的实质是单位产品收益中应该分给无形资产的比率

B.分成率是一项分配比例指标

C.分成率是一项针对无形资产贡献率的指标

D.无形资产相关资产组获利能力强意味着无形资产的贡献率高，即无形资产的分成率会高

18.下列各项关于采用市场法评估无形资产的有关论述，基于适用性与分成率的关系说法不正确的是（　　）。

A.总价计量方式不但需要找到“可比”的无形资产，还需要找到“可比”的相关的业务资产组

B.从价计量方式下的无形资产评估结果可以一个相对比率（利润分成率÷收入分成率）的形式表现

C.分成率是一项针对无形资产贡献率的指标，与所依附业务资产组的资本结构是有关的

D.对比公司无形资产分成率=对比公司无形资产对总收益的贡献÷对比公司总收益

19.下列各项关于无形资产评估、调整分成率指标说法错误的是（　　）。

A.分成率的实质是单位产品收益中应该分给无形资产的比率，这是分配比例指标，不是绝对价值指标

B.分成率是一项针对无形资产贡献率的指标，与无形资产所依附业务资产组的获利能力没有必然联系

C.分成率是一项针对无形资产贡献率的指标，与无形资产所依附业务资产组的资本结构是有关的

D.对比公司无形资产分成率=对比公司无形资产对总收益的贡献÷对比公司总收益

20.下列各项关于无形资产评估市场法使用注意事项的说法不正确的是（　　）。

A.无论是总价还是从价计量方式下的市场法评估，找到“可比”的对象都非常困难

B.无形资产相关资产组获利能力强一定代表无形资产的贡献率高

C.可比对象可以通过市场案例获得或者采用逻辑推算过程推算获得

D.总价计量方式中，不但需要找到“可比”的无形资产，还需要找到“可比”的相关的业务往来

21.采用市场法评估一项无形资产时，下列各项中一般不具有适用性的是（　　）。

A.对比公司测算法　　B.分成率法

C.总量计价方式　　D.加权平均法

二、多项选择题（每题有两个或两个以上正确选项，请将正确选项填在括号内）

1.下列各项中，确定无形资产可比对象时通常选用的标准有（　　）。

A.所处发展阶段的相似性　　B.功效的相似性

C.交易条件的相似性　　D.权利内容的相似性

2.下列各项关于无形资产评估的说法，错误的有（　　）。

A.无形资产具有的不完整性和唯一性限制了市场法在无形资产评估中的使用

B.无形资产收益法评估中的许可费节省法与市场法评估中的总价计量方式相同

C.分成率是针对无形资产所依附业务资产组的获利能力的指标，是一项比例指标

D.相对于从价计量，总价计量方式操作简单，应用更广泛

3.下列各项关于无形资产评估的市场法的说法，正确的有（　　）。

A.采用市场许可费交易案例数据得到的许可费率是所得税前的分成率

B.通过总价计量方式的市场法评估具有普遍适用性

C.分成率的实质是总产品收益中应该分给无形资产的金额

D.标的无形资产贡献大小与其相关业务组的资本结构没有任何关系

4.在总价计量方式下，应用市场法对无形资产进行评估时，无形资产可比对象的选择一般需要关注的条件有（　　）。

A.标的无形资产与可比无形资产功效相同或类似

B.标的无形资产与可比无形资产使用、收益、处分的权利内容相同或类似

C.标的无形资产与可比无形资产所依附的资产组有相同或相似的经营业务

D.标的无形资产与可比无形资产所处的经济寿命周期内所处的阶段相同或相似

5.在总价计量方式下，应用市场法对无形资产进行评估时，无形资产可比对象的选择一般需关注的内容有（　　）。

A.无形资产的可比条件

B.无形资产相关业务资产组的可比条件

C.标的无形资产与可比无形资产的差异调整

D.标的无形资产与可比无形资产相关资产组的差异调整

6.总价计量方式下的市场法评估技术思路需要结合（　　），考虑可比对象选择和差异分析调整的特殊要求。

A.无形资产自身的特征　　B.从价计征和总价计征相结合的方式

C.从价计量方式　　D.总价计量方式

7.在无形资产评估中，在总价计量方式下，标的无形资产和可比无形资产要具有可比性，它们之间差异的调整具体体现的内容有（　　）。

A.标的无形资产与可比无形资产所处发展阶段的差异

B.标的无形资产与可比无形资产剩余经济寿命的差异

C.标的无形资产相关的资产组与可比无形资产入门费绝对值的差异

D.标的无形资产相关的资产组与可比无形资产相关的资产组大小、规模的差异

8.在无形资产评估中，采用市场法评估时，标的无形资产和可比无形资产差异分析

调整体现的内容有（　　）。

A.采用从价计量方式时，标的无形资产与可比无形资产对各自产品收益贡献的差异调整

B.采用从价计量方式时，标的无形资产与可比无形资产入门费绝对值大小对分成影响的差异调整

C.采用“入门费+分成”计量方式时，不需要分别测算入门费和分成率

D.采用“入门费+分成”计量方式时，不可以采用某种方式将入门费换算成分成

9.在无形资产评估中，采用从价计量方式评估时，有关标的无形资产和可比无形资产差异分析调整的说法正确的有（　　）。

A.标的无形资产与可比无形资产可比的要求主要包括标的无形资产与可比无形资产相同或相似

B.采用“入门费+分成”计量方式时，需要合理地测算入门费

C.采用“入门费+分成”计量方式时，需要合理地测算分成率

D.实务中“入门费”经常可能是根据无形资产的转让方转让无形资产过程中所需要的成本估算

10.无形资产评估中，下列各项关于对比公司法测算分成率正确的有（　　）。

A.第一步，寻找若干家与被评估无形资产拟实施企业处于同行业的公司作为“对比公司”

B.第二步，计算对比公司无形资产分成率

C.第三步，筛选对比公司无形资产分成率的最高值

D.第四步，调整相关因素后，测算出被评估企业标的无形资产的分成率

11.对无形资产进行评估时，采用对比公司法测算分成率，下列各项说法正确的有（　　）。

A.对比公司无形资产分成率是对比公司无形资产对总收益贡献占总收益的比例

B.计算出对比公司无形资产分成率的平均值后，还需要考虑评估对象的状况

C.技术类无形资产分成率的高低与对应产品的销售利润率大小没有关系

D.高利润的产品技术分成率，一般相对较高

12.在采用市场法对无形资产进行评估时，评估专业人员需要考虑（　　）对评估技术思路产生的影响。

A.以前期间的无形资产的计量方式

B.同类型中的无形资产的计量方式

C.现实交易中的无形资产的计量方式

D.不同的价值计量方式

三、判断题（正确的在括号内打“√”，错误的打“×”）

1.总价计量方式是以一个总价值计量一项无形资产的价值。因为无形资产不能单独发挥作用，一定需要与其他有形资产组成一个业务资产组共同发挥作用。该资产组发挥作用的能力是由资产组中的有形资产决定的。（　　）

2. 无形资产评估的市场法中“入门费+分成”的计量方式就是总价与从价结合的计量方式。（　　）

3. 对比公司无形资产分成率=对比公司无形资产对总收益的贡献×对比公司总收益。（　　）

4. 采用市场法评估无形资产，在评估实务中进行分成率调整时应当考虑企业或业务资产的资本结构的差异。（　　）

5. 对于处于发展上升期的无形资产，一般情况下销售利润率高，产品价格也高。（　　）

6. 如果某无形资产评估目的涉及法律诉讼，价值类型是投资价值，则市场法是适用性最高的评估方法。（　　）

四、思考分析

1. 简述运用市场法确定具有合理比较基础的类似的无形资产必须具备的要求。

2. 采用市场法评估无形资产应注意哪些问题？

3. 市场法应用前提中的第一个基本前提是“要有一个活跃的公开市场”，谈谈你对“活跃”和“公开”两个概念的理解，为何必须同时具备这两个概念？无形资产是否适合采用市场法进行评估，为什么？

五、综合训练

1. 某企业是一家著名企业，其市场开拓采取特许加盟的方式。现在准备在城市甲建立一家特许加盟企业，要求评估特许加盟费用。经评估专业人员调查，找到了邻近城市近期特许加盟企业案例，基本情况见表3-1。假设从2019年3月至2020年3月，消费物价水平每月上涨0.5%；折现率为6%。

表3-1　可比特许加盟企业案例

项目	待评估案例	案例甲	案例乙	案例丙
交易情况	特许经营	类似	类似	类似
交易日期	2020年3月	2019年3月	2019年7月	2020年10月
区域状况	100	95	94	95
市场状况	100	95	92	100
特许经营费用	?	12万元/年	10万元/年	18万元/年

要求：评估其特许经营价值。

2.A公司为制药企业，为了测算A公司所拥有的WWG专利技术对所生产的医药产品收益的分成率，评估专业人员拟选用在国内同行业中的上市公司作为对比公司，对比公司的无形非流动资产在资本结构中所占的比重为68.5%，在无形非流动资产中WWG专利技术所占的比重为70%，对比公司的息税折旧及摊销前利润（EBITDA）为15 121.9万元，该公司的业务收入为112 086.5万元。同时调查了解对比公司的销售利润率为20%，A公司WWC专利技术对应的产品销售利润率为15%。

要求：根据以上资料测算A公司WWG专利技术的分成率。

3.甲公司因股份制改造，拟对其拥有的2015年12月5日取得的一项外观设计专利资产FF进行评估，评估基准日2020年12月。经评估人员市场调查，选取了A、B、C三家同行业的上市公司作为对比公司，A、B、C三家公司的相关资料见表3-2。

表3-2　对比公司案例

公司名称	A公司	B公司	C公司
类似无形资产对净利润的贡献	116万元	138万元	124万元
净利润	1 900万元	1 740万元	1 840万元
对应的产品销售利润率	12%	10%	11%

已知甲公司的专利权资产FF对应的产品销售收入为600万元，成本及相关费用为510万元，甲公司今年已取得净利润240万元，预计以后每年能增长20万元，折现率为10%。

要求：

（1）简述测算分成率时如何选取对比公司。

（2）计算该专利权的分成率。

（3）计算该专利权的评估值。

任务三　成本法在无形资产评估中的应用

一、单项选择题（每题只有一个正确选项，请将正确选项填在括号内）

1. 下列各项关于无形资产成本法的公式，不正确的是（　　）。

A. 被评估资产的评估值 = 重置成本 − 实体性贬值 − 功能性贬值 − 经济性贬值

B. 重置成本 = 直接成本 + 间接成本 + 资金成本 + 合理利润

C. 无形资产直接成本 = $\sum$(物质资料现行消耗量×现行价格） + $\sum$(实耗工时×现行费用标准）

D. 重置成本 = 无形资产账面历史成本×评估基准日物价指数÷购建时物价指数

2. 下列各项成本构成项目中，采用重置核算法测算自创无形资产重置成本时通常不考虑的是（　　）。

A. 间接成本　　B. 账面成本　　C. 资金成本　　D. 合理利润

3.无形资产的创建经历基础研究、应用研究和工艺生产开发等漫长过程，成果的出现带有较大的随机性、偶然性和关联性。由此造成无形资产成本具有的特性是（　　）。

A.不完整性　B.虚拟性　C.弱对应性　D.象征性

4.我国现行财务制度一般把科研费用从当期生产经营费用中列支，因此，账簿上反映的无形资产成本是（　　）。

A.不完整的　B.较完整的　C.全面的　D.定额的

5.无形资产评估成本法需要获得确切的成本投入资料，特别是（　　）。

A.物力资源的创造性投入　B.人力资本的经济性投入

C.物力资源的功能性投入　D.人力资本的创造性投入

6.下列各项是无形资产评估成本法关键参数的是（　　）。

A.现值　B.公允价值　C.历史成本　D.重置成本

7.下列各项关于无形资产贬值的说法中，错误的是（　　）。

A.采用成本法评估一些特定的无形资产时可能不需要考虑贬值因素

B.市场需求的变化可能使无形资产发生经济性贬值

C.技术的改进可能使无形资产发生功能性贬值

D.无形资产依附的磨损会使无形资产发生实体性贬值

8.由于新技术的出现造成了无形资产利用效率明显下降，使得该无形资产出现了（　　）。

A.功能性贬值　B.经济性贬值

C.实体性贬值　D.经济性溢价

9.下列各项属于无形资产经济性贬值的是（　　）。

A.产品在市场上广受好评，对其商标价值进行评估

B.国家相关政策出台，导致无形资产的市场需求变小

C.专利技术预计节约成本50%，但经验证，废品率过高、实际节约成本只有10%

D.出现新的更为先进的技术工艺，可以缩减成本30%

10.下列各项关于无形资产评估方法成本法的说法，正确的是（　　）。

A.采用成本法评估，要注意扣除预计存在的功能性贬值和投资性贬值

B.采用成本法评估，要注意扣除实际存在的功能性贬值和经济性贬值

C.采用成本法评估，要注意扣除实际存在的功能性贬值和投资性贬值

D.采用成本法评估，要注意扣除预计存在的功能性贬值和经济性贬值

11.下列各项不属于评估无形资产需要考虑的贬值是（　　）。

A.经济性贬值和功能性贬值　B.实体性贬值

C.经济性贬值　D.功能性贬值

12.用成本法评估某项专利，已知在开发过程中发生如下费用：直接成本为20万元，间接成本为10万元，资金成本为2万元，利润为2万元，人工费为3万元，则这项专利的重置成本为（　　）万元。

A.37　B.45　C.30　D.20

13.用成本法评估某项专利，已知在开发过程中发生如下费用：耗费材料20万元，

专用设备费10万元，工资费用30万元，咨询鉴定费5万元，管理费5万元，营销费用5万元。该项专利技术的直接成本为（ ）万元。

A.75 B.65 C.50 D.20

14. 甲企业使用成本法评估一项专利权，已知专利权研发过程中，物质资料定额消耗量3 500件，实际消耗量3 200件，该资料现行价格6元/件；定额工时1 200小时，实际耗时1 300小时，工时费25元/小时，则该项专利权的直接成本为（ ）元。

A.51 700 B.51 000 C.49 200 D.53 500

15. 某企业2015年购置的一项无形资产账面价值100万元，2020年进行评估，试按物价指数法估算其重置成本。根据资料，该无形资产至评估基准日生产资料物价指数上涨10%，生活资料物价指数上涨15%（其账面价值100万元中，物化劳动费用40万元，人工消耗费用60万元），该无形资产的重置成本为（ ）万元。

A.113 B.110 C.115 D.0

16. 甲企业要对无形资产进行评估，选用物价指数法，其账面成本记录如下：生产材料50万元，生活资料2万元。假设2019年生活资料物价指数为102，生产资料物价指数为98.1，2020年生活资料物价指数为101.4，生产资料物价指数为94.8，其重置成本为（ ）万元。

A.50.3 B.51.7 C.53.8 D.55.4

17. 某企业2015年就一项实用新型申请专利权，2017年对该专利进行评估，评估时其重置成本为40万元，则其有效性陈旧贬值为（ ）万元。

A .5 B.7 C .10 D.8

18. 某公司对其拥有的一项专有技术进行评估转让，经过市场调查得知，现市场上有类似专有技术交易，技术转让费100万元，经评估人员调查该专有技术的开发成本为70万元，相应的市价为130万元，则该专有技术的重置成本为（ ）万元。

A.60 B.55 C.53.8 D.54

19. 甲企业研制出一种含锌矿泉粉材料，研制过程中共消耗物料及其他费用50万元，人员开支20万元。评估人员通过分析测算，确定科研人员创造性劳动倍加系数为1.5，科研平均风险系数为0.2，该无形资产投资报酬率为30%，采用倍加系数法估算其重置成本为（ ）万元。

A.70 B.91 C.120 D.130

20. 某企业拥有一项无形资产，购买时预计可使用20年，截至本年年底已使用5年，经专业评估认定尚可使用10年，由此计算贬值率为（ ）。

A.20% B.25% C.33.33% D.75%

21. 某企业在长期生产实践中形成一项技术秘诀，假定按国家规定可以估价摊销。类似技术转让费为90万元，销售利润率为60%，尚无其他可供参考的成本、市价系数的经验数据，则该技术秘诀的重置成本为（ ）万元。

A.36 B.45 C.54 D.90

22. 下列关于无形资产评估的成本法使用的注意事项，说法错误的是（ ）。

A. 无形资产发挥作用都需要依附其他资产组成业务资产组，在业务资产组中必然

包括组合劳动力

B.特殊的著作权价值评估，如一部小说作品的改编权（不是该作品的全部著作权），无法采用成本法

C.组合劳动力可以通过成本法评估，其价值包括劳动力的招募成本和培训成本，两者均可以采用重置成本测算

D.商誉可以单独交易与转让

二、多项选择题（每题有两个或两个以上正确选项，请将正确选项填在括号内）

1.无形资产可以采用成本法进行评估，下列各项属于无形资产成本特征的有（　　）。

A.不完整性　B.虚拟性　C.弱对应性　D.累加性

2.无形资产的成本主要包括（　　）。

A.机会成本　B.开发成本　C.转化成本　D.交易成本

3.运用成本法评估无形资产时，其中无形资产贬值包含的因素有（　　）。

A.实体性贬值　B.功能性贬值　C.经济性贬值　D.技术性贬值

4.下列各项会造成无形资产贬值的有（　　）。

A.新的替代产品出现

B.传播面逐渐扩大，社会普遍接受和掌握

C.新的、更为先进的替代型无形资产出现

D.生产的产品成本下降

5.下列各项会造成无形资产经济性贬值的有（　　）。

A.出现新的更为先进的技术工艺，可以缩减成本30%

B.专利被广泛传播应用

C.国家相关政策出台，导致无形资产的市场需求变小

D.专利技术预计节约成本50%，但经验证，废品率过高，实际节约成本只有20%

6.采用成本法评估自创无形资产，测算其重置成本可以采用的方法有（　　）。

A.重置核算法　B.倍加系数法

C.市价类比法　D.物价指数法

7.采用成本法评估外购无形资产，测算其重置成本可以采用的方法有（　　）。

A.重置核算法　B.倍加系数法

C.市价类比法　D.物价指数法

8.外购无形资产重置成本计算采用物价指数法中的物价指数一般不采用（　　）。

A.消费者价格指数　B.被评估无形资产的个别物价指数

C.固定资产投资价格指数　D.综合物价指数

9.下列各项关于无形资产贬值率测算的说法，不正确的有（　　）。

A.可以采用专家鉴定法，邀请有关专家对无形资产的先进性、适用性做出判断

B.预测剩余经济寿命时，剩余使用年限与无形资产的剩余使用寿命相同

C.贬值率是无形资产已使用年限占剩余使用年限的百分比

D. 无形资产贬值率测算只需考虑被评估资产本身

10. 预测无形资产的收益时，其中一项很重要的工作是预测与之相关的产品/服务的生命周期，当产品/服务的生命周期结束时，无形资产的价值就会降低，如果无形资产未能有其他的用途，其生命将随之结束。下列各项属于无形资产贬值率的测算方法的有（　　）。

A. 物价指数法　　B. 专家鉴定法

C. 售价类比法　　D. 剩余经济寿命预测法

11. 下列各项关于无形资产评估成本法应用的说法，正确的有（　　）。

A. 无形资产的贬值率可以采用专家鉴定法和剩余经济寿命预测法进行测算

B. 自创无形资产重置成本的估算一般可以采用核算法和倍加系数法

C. 外购无形资产重置成本的估算一般可以采用市价类比法和物价指数法

D. 无形资产的贬值表现为功能性贬值和经济性贬值，没有实体性贬值

12. 成本法也是无形资产评估的基本方法之一。应用成本法进行无形资产评估必须具备的基本条件有（　　）。

A. 无形资产评估对象具有可替代性　　B. 重置该无形资产技术上可行

C. 重置该无形资产法律上许可　　D. 具备可利用的历史资料

13. 成本法是指先确定重置成本，再确定资产的实体性贬值、功能性贬值、经济性贬值等，从重置成本中将各项贬值予以扣除而得到被评估资产价值的方法技术总称。其中成本法使用的注意事项有（　　）。

A. 组合劳动力价值的测算问题　　B. 调整分成率应关注的问题

C. 改编权价值的测算问题　　D. 总价计量方式的适用性问题

三、判断题（正确的在括号内打“√”，错误的打“×”）

1. 自创无形资产的重置成本是根据无形资产生产过程中所消耗的费用测算的。（　　）

2. 外购无形资产的重置成本是根据购买的相关费用测算的。（　　）

3. 无形资产直接成本是按现行消耗量计算的而不是按实际消耗量计算的。（　　）

4. 无形资产的重置成本应当包括开发者或持有者的合理收益。（　　）

5. 物价指数法测算的无形资产重置成本，只考虑了价格变动因素，对更新速度比较快的无形资产采用物价指数法测算的重置成本往往会偏高一些。（　　）

6. 无形资产只存在无形损耗，不存在有形损耗。（　　）

7. 无形资产的无形损耗与其存在和实际使用无关。（　　）

8. 在应用成本法测算无形资产价值时，无形资产贬值率的计算应该考虑实体性损耗。（　　）

9. 由于无形资产没有实体，一般不适用实体性贬值。（　　）

10. 使用剩余经济寿命预测法计算贬值率的前提是被评估无形资产的贬值在其法定寿命期内呈现直线性变化。（　　）

四、思考分析

1. 无形资产重置成本的确定可采用哪些方法，应注意哪些问题？

2. 请说明物价指数法是否适用于无形资产重置成本的估算，并说明运用时注意的事项。

3. 分析比较无形资产三大评估方法各自的理论依据、适用前提是什么。

4. 说明三大方法评估无形资产时应注意哪些问题？

五、综合训练

1.A公司由于经营管理不善，经济效益不佳，亏损严重，将要被同行的B公司兼并，现在需要对A公司资产进行评估，该公司有一项专利技术（属于实用新型），3年前自行研制开发并获得专利证书，法律保护期限为10年。在该项技术的研制过程中消耗材料15万元，动力消耗20万元，支付科研人员工资30万元。评估专业人员经过市场调查论证，确定科研人员创造性劳动倍加系数为1.2，科研的平均风险系数为0.4，该项无形资产投资报酬率为20%，行业基准收益率为30%，根据专家鉴定分析和预测，该项专利技术的剩余使用期限仅为5年。

要求：

（1）请采用倍加系数法估算该项无形资产的重置成本，并说明重置成本的构成要素；

（2）说明估算自创无形资产重置成本有哪些方法，并简要说明和列出计算公式；

（3）评估该项专利技术价值。

2. 甲企业被乙企业兼并，需要对甲企业自创的一套工艺流程方法专利权进行评估。有关资料显示如下：该工艺方法已使用3年，专家鉴定该项技术的剩余使用年限为6年。研制时发生原材料费40 000元、辅助材料费10 000元、燃料动力费8 000元；有关人员工资和津贴14 000元、专用设备费9 000元、差旅费1 000元、管理费2 000元、占用固定资产的折旧费30 000元、人员培训费和资料费等5 000元、专利申请费2 000元。近3年生产资料价格指数分别上涨5%、4%、7%。

要求：

（1）简要说明适用于无形资产评估的基本方法有哪些。无形资产成本的特征有哪些。

（2）在使用成本法评估无形资产时，应注意哪些问题。

（3）计算该工艺流程方法专利技术的重置成本。

（4）计算该工艺流程方法专利技术的评估值。

项目四

专利资产与专有技术评估

任务一　专利资产评估

一、单项选择题（每题只有一个正确选项，请将正确选项填在括号内）

1.下列各项中，（　　）是指由国家知识产权局专利局或代表几个国家的地区机构认定，根据法律批准授予专利所有人在一定期限内对其发明创造享有的独占使用权、转让权、许可权等权利。

A.专利资产　　B.专利　　C.资产　　D.评估

2.下列各项中，（　　）是一种法定的垄断权，其他企业及个人未经专利权人的许可，不能使用该专利技术，这是该专利获得超额经济收益的保证，专利权人因此享有相应的垄断收益权。

A.许可权　　B.标示权　　C.转让权　　D.专利权

3.以产品发明为保护客体的专利权指的是（　　）。

A.实用新型专利　　B.发明专利　　C.外观设计专利　　D.创新型专利

4.专利技术成为资产的前提是（　　）。

A.有必要的成本耗费　　B.能够为特定主体带来经济利益

C.受法律保护　　D.能够用货币计量

5.下列各项中，可以作为专利资产获得专利权的是（　　）。

A.科学发现　　B.智力活动的规则

C.疾病的治疗方法　　D.碳纳米纤维散热技术

6.下列各项中，有关职务发明权利归属的论述正确的是（　　）。

A.利用本单位物质技术条件完成的发明创造，单位与发明人、设计人之间就专利申请权、专利权归属有约定的，约定无效

B.职务发明创造的发明人、设计人没有获得报酬的权利

C.职务发明创造的发明人、设计人不能享有署名权，只能是单位署名

D.法人或者其他组织转让职务发明创造时，职务发明创造的完成人享有以同等条件优先受让的权利

7.我国《专利法》对三种专利的保护期限都有明确的规定，发明专利的法律保护期限为（　　）年。

A.10　　B.15　　C.20　　D.30

8.我国《专利法》规定，实用新型专利和外观设计专利权的保护期限为（　　）年。

A.10　　B.15　　C.20　　D.30

9.我国《专利法》是专门针对专利保护的法律，下列各项属于专利资产法律特征的是（　　）。

A.专利资产的不稳定性　　B.专利资产的公开性

C.专利资产的不完整性　　D.专利资产的地域性

10. 下列各项属于专利资产的技术特征的是（　　）。

A. 专利资产的时效性　　B. 专利资产的地域性

C. 专利资产的约束性　　D. 专利资产的技术公开性

11. 专利资产在应用过程中存在一系列风险，使其收益能力的确定具有一定的难度，说明专利资产具有（　　）。

A. 约束性　　B. 技术不成熟性

C. 技术不完整性　　D. 收益不稳定性

12. 下列各项不属于专利资产经济特征的是（　　）。

A. 专利资产的技术可能存在着不完整性

B. 专利资产具有垄断收益

C. 专利资产的收益具有不稳定性

D. 专利资产的研发成本不易界定

13. 专利资产评估业务的评估对象是（　　）。

A. 专利资产权益　　B. 许可使用权　　C. 商标权　　D. 知识产权

14.（　　）是根据我国《专利法》的相关规定，在某种特定前提下，国家可以对某些专利进行强制许可，取得实施强制许可的单位或者个人不享有独占的实施权，并且无权允许他人实施，被许可方还需要向专利权人支付许可使用费。

A. 独占使用权　　B. 排他使用权　　C. 强制许可　　D. 一般使用权

15.（　　）是在双方合同规定的时间和地域范围内，专利权人只把专利技术转让给某一特定受让方，受让方不得再转让，转让方也不得在合同规定范围内使用和销售该专利技术生产的产品。

A. 独占使用权　　B. 排他使用权　　C. 一般使用权　　D. 回馈使用权

16.（　　）是指转让方在合同规定的时间和地域范围内只把技术授予受让方使用，同时转让方自己保留使用权和该专利产品销售权，但不再将该技术转让给其他人使用。

A. 排他使用权　　B. 独占使用权　　C. 一般使用权　　D. 强制许可使用权

17. 根据我国《专利法》的相关规定，授权许可不包括（　　）。

A. 强制许可使用权　　B. 独占许可使用权

C. 排他许可使用权　　D. 普通许可使用权

18.（　　）是指在就发明创造向国家知识产权局提出专利申请之后，专利权申请人享有的是否继续进行专利申请程序、是否转让专利申请的权利。

A. 专利申请权　　B. 申请专利的权利

C. 专利权　　D. 专利使用权

19.（　　）是指实用新型专利申请和外观设计专利申请经过初步审查合格后，国务院专利行政部门所指定的法定公告的日期，以及发明专利申请根据发明专利申请人的请求，经过实质审查合格后，国务院专利行政部门所指定的法定公告的日期。

A. 专利申请日　　B. 专利授权日　　C. 专利审批日　　D. 专利批准日

20.（　　）是专利保护期限的起始时间，记录在专利申请受理通知书和专利证书上。

A.专利授权日　　B.专利失效日　　C.专利转让日　　D.专利申请日

21.在对专利资产进行评估时，需要关注专利是否在保护期内，对于专利的保护期，其生效的时间点是（　　）。

A.专利申请日　　B.专利授权日　　C.授权公告日　　D.获得证书日

22.外观设计专利权的期限为10年，自（　　）计算。

A.投入使用日起　　B.授权日起

C.申请日起　　D.达到预定可使用状态起

23.专利资产通常与其他无形资产共同发挥作用，一般认为专利与专有技术、软件著作权、商标权等共同组合的资产组成（　　）。

A.混合资产组合　　B.专利资产组合

C.多项资产组合　　D.单项资产组合

24.甲公司于2016年3月5日研发一项发明专利技术，2017年6月18日完成研发，2017年9月1日向国家知识产权局提出专利申请，2019年6月30日被授予专利权，关于申请专利的权利期间，正确的是（　　）。

A.2016年3月5日—2017年9月1日

B.2017年6月18日—2017年9月1日

C.2017年9月1日—2019年6月30日

D.2016年6月18日—2019年6月30日

25.专利的（　　）是指该项专利要求法律保护的核心内容。

A.利益要求　　B.申请要求　　C.使用要求　　D.权利要求

26.在我国，发明专利的申请经过的审查是（　　）。

A.一般审查　　B.授权审查　　C.最终审查　　D.实质性审查

27.专利的无效宣告是指自国务院专利行政部门公告授予专利权之日起，任何单位或者个人认为该专利权的授予不符合《专利法》及其实施细则有关规定的，可以请求（　　）宣告该专利权无效。

A.国务院　　B.人民法院　　C.人民检察院　　D.专利复审委员会

28.（　　）是指专利所有人已经许可他人使用其专利，并且这种许可协议不因所有权转移而失效。

A.他用专利所有权　　B.专利所有权

C.带有有效许可协议的专利所有权　　D.自用专利所有权

29.对于评估专业人员而言，在对专利资产进行评估的过程中，应当首先判断委估对象权利的（　　）。

A.有效性　　B.创造性　　C.实用性　　D.新颖性

30.专利资产的处置一般需要得到共有人的（　　）。

A.口头同意　　B.函件同意　　C.邮电同意　　D.书面同意

31.在对评估对象为实用新型、外观设计专利的无形资产评估中，应当要求委托人提供（　　）。

A.技术检测报告　　B.结题报告

C.技术咨询报告　　D.专利检索报告

32.下列各项不属于专利权属资料的是（　　）。

A.专利证书　　B.专利说明书

C.专利登记簿副本　　D.专利维持费缴费凭证

33.外观设计专利资产评估应该根据不同的评估目的核实不同的资料，其中属于一般许可/转让目的的评估需要核实的资料的是（　　）。

A.专利维持费缴费凭证

B.专利登记簿副本

C.专利检索报告

D.出资、与上市公司交易、质押、诉讼目的的评估

34.国家知识产权局进行专利权属登记的账簿指的是（　　）。

A.专利证书　　B.专利维持费缴费凭证

C.专利登记簿　　D.专利检索报告

35.对于处于研制小试阶段，技术研制仍未完成，但可预见其技术能取得成功，但未来市场参数、财务数据、投资参数的不确定性较大时，应该采用（　　）进行评估。

A.成本法　　B.市场法　　C.收益法　　D.以上均可

36.对于委估专利技术的发明与研制成本无关而重要的是发明思想的情形，不该选取（　　）评估。

A.成本法　　B.市场法　　C.收益法　　D.以上均可

37.某企业生产A型号玩具，单位成本为每件5元，产品的月销售量平均为60 000件。为在竞争中处于优势，该企业本月引进了一项新专利技术，使用后产品的单位成本降低了30%，假设月销售量不变，税率为25%，则该项专利技术带来的超额收益为（　　）元。

A.32 500　　B.67 500　　C.90 000　　D.157 500

38.某企业欲购买一项专利技术，预计使用后年收益额为200万元，该企业净资产总额为800万元，该企业所处行业的平均收益率为20%，则由该专利带来的年增量收益为（　　）万元。

A.30　　B.40　　C.50　　D.60

39.某企业5年前获得一项专利，法定寿命为10年，现对其价值进行评估，经专家估算，至评估基准日，其重置成本为120万元，尚可使用3年，则该项专利的评估值为（　　）万元。

A.45　　B.50　　C.60　　D.72

40.评估对象为一项外观设计专利，经评估人员分析，预计评估基准日后实施该专利可使产品每年的销售量由过去的5万台上升到10万台。假定每台的售价和成本均与实施专利前相同，分别为500元/台和450元/台，收益期为3年，折现率为10%，企业所得税税率为25%，不考虑流转税等其他因素，则该外观设计专利的评估值最接近（　　）万元。

A.250.00　　B.466.29　　C.621.72　　D.833.10

二、多项选择题（每题有两个或两个以上正确选项，请将正确选项填在括号内）

1.根据《专利法》的规定，专利可分为（　　）。
A.发明专利　　B.实用新型专利
C.外观设计专利　　D.技术专利

2.发明专利是指以发明为保护客体的专利权，发明一般分为产品发明和方法发明两类，下列各项属于产品发明的有（　　）。
A.电子计算机　　B.超导材料
C.汉字输入方法　　D.太阳能发电装置

3.下列各项中，不得被授予专利权的有（　　）。
A.科学发现　　B.动植物品种
C.疾病的诊断和治疗方法　　D.超导材料的研究

4.符合专利法的实质性要求的实用新型专利应该具备的“三性”有（　　）。
A.新颖性　　B.实用性　　C.独立性　　D.创造性

5.下列各项中，属于专利权实用性应具备的条件的有（　　）。
A.属于技术课题的解决方案
B.具有再现性，在工业上能够制造和使用的现实可能性
C.具有有益性，能够产生有益的社会效益
D.具有实时性，能够第一时间形成生产力

6.下列各项中，属于外观设计专利的特征有（　　）。
A.外观设计必须与产品相结合
B.外观设计必须能在产业上应用
C.外观设计需解决产品的技术思想
D.外观设计富有美感

7.专利成为专利资产所需要满足的要素有（　　）。
A.专利资产能持续发挥作用
B.专利资产能带来经济利益
C.专利资产获利能力受法律保护
D.专利资产获利能力不受法律保护

8.专利资产的主体主要有（　　）。
A.职务发明创造的单位　　B.非职务发明创造的个人
C.共同发明人、设计人　　D.负责发明组织工作的人

9.专利资产的客体主要有（　　）。
A.发明专利　　B.实用新型　　C.外观设计　　D.计算机软件

10.下列各项中，属于专利资产特征的有（　　）。
A.法律特征　　B.技术特征　　C.经济特征　　D.地域特征

11.专利权是依《专利法》而界定的权利，下列各项属于专利资产法律特征的有（　　）。

A.时效性　　B.地域性
C.约束性　　D.收益不稳定性

12.专利权是依法而获得的权利，相关法律规定的内容包括（　　）。
A.专利权保护对象　　B.专利权保护期限
C.专利权相应权利　　D.权利的获得及要求

13.专利资产的技术特征包括（　　）。
A.技术公开性　　B.技术不完整性
C.技术不成熟性　　D.技术时效性

14.技术资产与有形资产相比，其收益能力的确定具有一定的难度，这种难度主要体现为技术资产在应用过程中存在的风险，具体包括（　　）。
A.技术风险　　B.市场风险　　C.资金风险　　D.管理风险

15.下列各项属于专利资产经济特征的有（　　）。
A.垄断收益　　B.收益不稳定性
C.研发成本不易界定　　D.技术公开性

16.下列各项关于专利资产评估的说法正确的有（　　）。
A.专利资产的法律特征为时效性、地域性和技术公开性
B.专利资产的价值取决于专利资产的预期收益
C.专利资产的技术可能存在着不完整性
D.专利资产获利能力受法律保护

17.下列各项在专利资产评估中，需要明确的专利资产基本状况的内容主要有（　　）。
A.专利种类、名称、专利申请号或专利号
B.单项专利或专利资产组合
C.专利申请日和专利授权日
D.专利资产的权利形式

18.下列各项属于专利资产评估业务评估对象的确认事项的有（　　）。
A.明确专利资产的基本状况　　B.核实专利权的有效性
C.明确评估方法　　D.制订评估计划

19.在专利资产评估中，对专利的确认要明确专利资产的法律状态，下列各项属于专利权法律状态的有（　　）。
A.申请专利的权利　　B.专利权的无效宣告、终止与恢复
C.专利权的对外许可　　D.专利申请权和专利权

20.对专利的确认中所涉及的法律状态通常包括（　　）。
A.所有权人及其变更情况　　B.专利所处的专利审批阶段
C.专利权的质押　　D.专利权的终止

21.对专利技术有效性的判断包括（　　）。
A.核实该专利是否为有效专利，著录项目是否属实
B.核实该专利是否可以获利

C.核实该专利是否具有专利性

D.是否具有新颖性、创造性和实用性

22.下列各项属于专利资产权利形式的有（　　）。

A.所有权　　B.许可使用权

C.专利号　　D.专利名称

23.可以作为出资的专利资产一般都是指“所有权”，专利资产的所有权包括（　　）的权利。

A.使用　　B.收益　　C.处分　　D.留置

24.下列各项中有关专利权使用权的论述正确的有（　　）。

A.根据我国《专利法》的相关规定，专利的许可使用权可以分为授权许可和强制许可两种

B.独占使用权是指在双方合同规定的时间和地域范围内，专利权人只把专利技术转让给某一特定受让方，受让方不得再转让，但转让方可以在合同规定范围内使用和销售该专利技术生产的产品

C.排他使用权（独家使用权）是指转让方在合同规定的时间和地域范围内只把技术授予受让方使用，同时转让方自己保留使用权和该专利产品销售权，但不再将该技术转让给其他人使用

D.一般使用权是指转让方在合同规定的时间和地域范围内向受让方转让技术，转让方自己也保留技术使用权和产品销售权，同时转让方还可以将专利权许可给其他人使用

25.根据我国《专利法》的相关规定，专利的许可使用权可以分为授权许可和强制许可，其中授权许可包括（　　）。

A.独占许可使用权　　B.排他许可使用权

C.一般许可使用权　　D.特殊许可使用权

26.在进行专利资产评估时，下列各项正确的有（　　）。

A.无论是哪种共有方式，专利资产的处置一般都需要得到共有人的书面同意

B.对于专利资产实施中尚需要支出的其他费用，作为一项现金流出考虑

C.对专利资产价值的评估包括专利资产的经济价值和其他领域的价值

D.共同共有专利资产的质押需要共有人书面同意，按份共有专利资产的质押不需要共有人书面同意

27.在专利资产评估中，专利资产的确认除核实专利证书外，下列各项也属于应核查事项的有（　　）。

A.专利申请人资格　　B.确权证明

C.受理通知书　　D.专利年费的缴纳情况

28.实用新型或者外观设计专利申请的审批程序主要包括（　　）。

A.受理　　B.初步审查　　C.授权　　D.实质性审查

29.下列各项属于专利权终止情况的有（　　）。

A.期限届满依法终止

B.专利权人没有按照规定缴纳年费而终止
C.专利权人以书面声明放弃其专利权
D.专利复审委员会宣布专利权无效

30.下列各项属于专利资产价值的影响因素的有（　　）。
A.专利权的法律状态　B.专利的创新性及实用性
C.专利产品的发展前景　D.专利的权利要求内容与保护

31.下列各项关于专利权价值的说法，正确的有（　　）。
A.前景越好，专利的价值越高　B.稳定性越高，专利的价值越高
C.创新性越高，专利的价值越高　D.实施成本越高，专利的价值越高

32.专利资产价值的影响因素较多，下列各项属于专利资产法律影响因素的有（　　）。
A.专利权的权利状态　B.专利的权利要求内容
C.专利产品的发展前景　D.专利的应用领域

33.下列各项属于专利资产“共有”概念的有（　　）。
A.按权限共有　B.共同共有　C.按份共有　D.持有

34.专利资产质押评估的操作主要需要关注的问题有（　　）。
A.价值类型及前提的选择
B.质押目的专利资产评估权属核实的特殊要求
C.质押目的专利资产的评估经常与其使用企业的生产能力相关
D.质押目的评估时应当区别出质人自用的专利资产与已经许可他人使用的专利资产的差异

35.下列各项关于专利资产质押评估的表述，正确的有（　　）。
A.一般情况下质押评估应该选择市场价值
B.专利资产质押评估需要提交由国家知识产权局出具的专利登记簿副本
C.共有的专利资产质押需要征得共有人（共同共有、按份共有）的书面同意
D.按份共有如果各共有人不能独立行使其拥有的专利资产份额，也需要共有人书面同意

36.下列各项关于专利资产的表述，正确的是（　　）。
A.专利资产的所有权可以用于出资
B.专利资产的使用权可以用于出资
C.专利资产的所有权可以用于质押
D.正在许可他人实施的专利资产的收益权可以用于质押

37.下列各项属于以出资为目的专利资产评估操作要点的有（　　）。
A.评估对象界定
B.权属类型一般为专利资产的所有权
C.价值类型
D.出资目的专利资产评估操作中的一些特殊要求

38.专利资产评估程序中需要分析确定各项技术参数和指标，下列各项属于分析内

容的有（　　）。

A.技术状况分析　　B.收益能力分析

C.投资可行性分析　　D.风险分析

39.下列各项中，在专利资产评估中属于侵权行为的有（　　）。

A.W进口商进口专利权人未经许可的已经在中国取得专利的产品，在国内销售

B.未经专利权人许可，W生产商制造专利产品

C.假冒他人专利生成产品

D.未经专利权人许可，W研究人员为科学研究使用有关专利

40.下列各项中，实用新型专利资产评估需要核实的权属资料有（　　）。

A.专利证书　　B.专利维持费缴费凭证

C.专利登记簿副本　　D.专利检索报告

41.利用综合评价法确定专有技术分成率，要对（　　）进行评测。

A.法律因素　　B.技术因素　　C.经济因素　　D.时间因素

42.某企业总规模1 000万元，行业平均收益率为20%，去年通过购买技术专利，年总收入达到300万元，已知该项专利的技术寿命还剩5年，折现率10%，不考虑税费。下列各项计算正确的有（　　）。

A.该项专利的增量收益为100万元

B.每年增加的收益现值为379.08万元

C.每年的收益现值为1 137.24万元

D.通过增量收益法评估该项资产的价值为379.08万元

三、判断题（正确的在括号内打“√”，错误的打“×”）

1.没有利用自然规律和自然现象的方案则不属于技术方案，如逻辑推理法等，均不属于专利法意义的发明。但自然规律本身不是发明。（　　）

2.凝胶状或颗粒粉末状的物质或材料，属于实用新型的产品范围。（　　）

3.只有那些可以持续发挥作用并能产生收益的专利才能形成专利资产。（　　）

4.专利资产一定是已经经过法定程序审查批准并在专利权保护有效期内的一项专利权。（　　）

5.专利法保护的对象是具有新颖性、创造性和实用性的技术方案，因此专利资产也相应地具有技术特征。（　　）

6.评估人员在进行具体项目评估时，判断一项专利是否构成一项无形资产应从该专利是否在有效保护期内、在拟受让方所在区域内是否受保护、是否按时缴纳了专利费用、所有技术是否公开、是否具有获利能力等五个方面进行考虑。（　　）

7.专利申请日是专利权的生效日，国务院专利行政部门所指定的法定公告的日期。（　　）

8.专利的申请要求是该项专利法律要求的核心内容。（　　）

9.发明人或设计人的职务发明创造，申请专利的权利属于该单位。（　　）

10.两个以上的人对同一发明创造共同构思，并且都做出了创造性贡献的人，为共

同发明人或共同设计人，其发明创造称为共同发明。 ( )

11.发明专利权的法律保护期限为10年。 ( )

12.专利资产评估业务的评估对象是指专利资产权益。 ( )

13.一般认为专利所有权和许可使用权是可以出资的。 ( )

14.带有有效许可他人使用的专利所有权应该界定为专利所有权与一个合同权益（合同义务）的组合。 ( )

15.一项专利处于哪一阶段状态是决定该专利价值的首要因素。 ( )

16.经过无效请求审查程序的专利，保护范围可能会缩小，从而影响其价值。 ( )

17.专利权的时效性、地域性和约束性等特征，以及在持有期内的质押、保全和解除不会对相应专利资产的价值产生影响。 ( )

18.专利资产的收益额是指直接由专利权带来的预期收益。 ( )

19.已不受专利法保护的专利，不能构成专利资产。 ( )

20.专利资产具有垄断收益是该专利获得超额经济收益的保证。 ( )

四、思考分析

1.什么是专利权，成为专利资产的关键要素有哪些？

2.如何界定专利资产评估对象？

3.说明影响专利资产价值的因素。

4.简述专利资产的评估程序。

5.可口可乐和百事可乐公司的可乐口味喝起来基本相同，它们之间是否存在侵权行为?

6.持有国家颁发的专利证书，能否证明该专利为有效专利?

7.请思考以质押和出资为目的的专利资产评估应注意哪些事项。

五、综合训练

1.甲企业有一项新产品设计专利技术，已使用3年，技术可靠，同类产品平均价格为150元/件，该产品市场售价为200元/件，目前该产品年销售量为4万件，经分析，产品寿命还可以维持8年，但竞争者将会介入，由于该企业已较稳固地占领了市场，竞争者估计将采取扩大市场范围的市场策略。预计该企业将会维持目前的市场占有率，但价格将呈下降趋势。产品价格预计为：今后1~3年维持现行价格，4~5年后降为180元/件，6~8年后降为160元/件。假设成本无变化，折现率10%，所得税税率25%。

要求：

（1）评估该项专利技术价值；

（2）说明评估思路。

2.A公司由于经营管理不善，经济效益不佳，亏损严重，将要被同行的B公司合并，现需要对A公司一项实用新型专利技术价值进行评估。相关资料显示：该专利技术是A公司3年前用4年时间自行研制开发的，并获得专利证书，在该项技术的研制过程中消耗材料15万元，动力消耗20万元，支付科研人员工资30万元。评估专业人员经过市场调查论证，3年来人员工资上涨2%，材料和动力费用基本保持不变，科研的平均风险率为45%，无风险报酬率为6%。根据专家鉴定分析和预测，该项专利技术的剩余使用期限仅为5年。

要求：

（1）请计算该专利资产的评估价值。

（2）专利资产的特点是什么？说明影响专利资产评估价值的因素有哪些。

3. 甲企业将一项专利使用权转让给乙公司使用5年，拟采用利润分成的方式收取转让费。该专利的开发研制成本为100万元，专利成本利润率为450%。乙公司的重置成本为3 000万元，成本利润率为10%。乙公司的实际年生产能力为20万件，每件生产成本为500元，预计未来5年的市场出售价格分别为900元、850元、750元、750元、750元，折现率为10%，所得税税率为25%。

要求：

（1）计算该专利资产的使用权转让费；

（2）如何确定专利资产的存在，专利许可有哪几种方式？

4. 甲公司由于缺乏技术专利，每年要向乙公司支付一笔专利费，今年甲公司打算向乙公司购买一项专利A，甲公司需对专利A进行评估，确保甲公司按照最合理的价格购买此项专利。根据前期的调查和分析，收集到的信息有：该专利预计每年可以为甲公司创造150万元的营业额，该项专利的许可费率为4.5%。不考虑所得税，折现率为10%，此专利将会在5年后过期，无入门费。

要求：计算该项专利资产的评估值。

5.2019年年初，甲、乙公司经过谈判，签订合同，甲公司授权乙公司使用专利A，确定专利A的授权使用期限为5年，采用普通许可方式。为确定专利A的授权使用费金额，需对专利A的价值进行评估，评估基准日为2020年12月31日。

经分析，若甲公司使用专利A，将会使得使用该专利的产品的销售量每年以2%的速度递增，假定销售单价保持不变，产品成本比原先降低10%，已知每件产品单价为100元，产品的单位成本为60元，2020年的销售量为250万件。

预测年度保持稳定。基准日5年期国债到期收益率3.5%，1年期国债到期收益率2%。影响专利资产的政策风险为1%，法律风险为2%，市场风险为2%，技术替代风险为2%，公司管理风险为1.5%，适用的所得税税率为25%。

要求：

（1）说明本次资产评估对象；

（2）说明本次资产评估方法；

（3）确定专利资产收益期限，并说明理由，计算预测各项专利资产增量净收益；

（4）采用累加法计算专利资产折现率；

（5）假设现金流量在期末产生，计算专利资产评估价值。

6. 甲、乙两公司于2017年8月31日签订组建新企业的协议，协商确定甲公司以其拥有的一项实用新型专利A出资，乙公司以货币资金出资，总投资为5 000万元，合作期20年，新企业全部生产A专利产品，从2017年9月1日起正式开工建设，建设期2年。

甲公司拟投资的专利A于2015年8月31日申请，2015年9月1日获得专利授予权及专利证书，并且按时缴纳了年费。

经充分分析论证后，预计新企业投产后第一年销售量为20万件，销售价格为每件280元，生产成本、销售费用、管理费用、财务费用为每件180元。投产后第二年起达到设计规模，预计每年销售量为30万件，销售价格为每件300元，生产成本、销售费用、管理费用、财务费用为每件160元。从投产第五年起，为保证市场份额，实行降低价格销售策略，预计年利润总额为2 500万元。不考虑税费因素，假定技术的销售利润分成率为25%，折现率为10%，评估基准日为2017年8月31日。

要求：

（1）确定该实用新型专利的收益期；

（2）计算确定该实用新型专利在投产后每年的利润分成额；

（3）评估甲公司拟投资的实用新型专利A的价值。

任务二 专有技术评估

一、单项选择题（每题只有一个正确选项，请将正确选项填在括号内）

1.专有技术与专利技术相比，具有（　　）特点。

A.新颖性　　B.可转让性　　C.保密性　　D.实用性

2.下列各项说法错误的是（　　）。

A.专有技术具有保密性，而专利技术则是在《专利法》规定的范围内公开的

B.专利技术有明确的法律保护期限，专有技术没有法律保护期限

C.专利技术和专有技术都受《专利法》的保护

D.专有技术的内容范围相比专利技术更广

3.被评估资产为一未公开的食品配方。预计在未来无限年期，其所产生的年收益为300万元，资本化率为10%。则该食品配方的价值为（　　）万元。

A.300　　B.3 000　　C.600　　D.30

4.甲企业以一项先进的非专利技术向乙企业投资、该技术的重置成本为200万元，乙企业拟投入的资产重置成本为4 000万元，甲企业无形资产成本利润率为500%，乙企业拟合作的资产原利润率为25%，则无形资产投资的分成率为（　　）。

A.12.5%　　B.19.35%　　C.15%　　D.18.75%

5.某企业欲购买一项专利技术，预计后年的收益额为200万元，该企业净资产总额为800万元，该企业所处行业的平均净收益率为20%，则由该专利带来的增量收益为（　　）万元。

A.30　　B.40　　C.50　　D.60

6.某企业购买的新技术预计在其寿命期间各年度分别可带来追加利润100万元、120万元、90万元和70万元，分别占当年利润的40%、30%、20%和15%，折现率为10%，则该无形资产的利润分成率为（　　）。

A.15%　　B.20%　　C.25%　　D.30%

7.评估对象为一专有技术，研制过程中共消耗物料及其他费用50万元，人员开支20万元，科研人员创造性劳动倍加系数为1.5，科研平均风险系数为0.2，该无形资产投资报酬率为30%，采用倍加系数法估算其重置成本为（　　）万元。

A.70　　B.91　　C.120　　D.130

8.某企业在长期生产实践中形成一项技术秘诀，假定按国家规定可以估价摊销。类似技术转让费为90万元，销售利税率为60%，尚无其他可供参考的成本/市价系数的经验数据，则该技术秘诀的重置成本为（　　）万元。

A.36　　B.45　　C.54　　D.90

二、多项选择题（每题有两个或两个以上正确选项，请将正确选项填在括号内）

1.下列各项是专有技术的有（　　）。

A.设计资料　　B.管理规章

C.工艺规程　　D.材料配方

2.下列各项属于专有技术特点的有（　　）。

A.新颖性　　B.实用性

C.获利性　　D.保密性

3.下列各项属于影响专有技术价值因素的有（　　）。

A.专有技术的使用期限　　B.专有技术的预期获利能力

C.分析专有技术的市场情况　　D.专有技术的开发成本

三、判断题（正确的在括号内打“√”，错误的打“×”）

1.专有技术包括设计资料、技术规范、工艺流程、经营诀窍等。（　　）

2.专有技术是一种法定的权利。（　　）

四、思考分析

1.可口可乐的配方为什么不申请国家专利？不申请专利怎么保护配方的安全？

2.如何理解专利权和专有技术的区别？

3.说明专有技术价值的影响因素。

五、综合训练

1.丙公司购入一项非专利技术无形资产，于2014年购入、2020年进行评估。被评估的非专利技术无形资产账面价值为100万元，经过详细调查已知同类无形资产环比价格指数分别为2015年12.8%，2016年18.6%，2017年19.9%，2018年14.5%，2019年13.6%，2020年9.9%，2021年7.8%。

要求：评估该项非专利技术无形资产的重置成本。

2.A公司有一项专有技术，在该项技术的研制过程中消耗材料12万元，动力消耗22万元，支付科研人员工资25万元。评估专业人员经过市场调查论证，确定科研人员创造性劳动倍加系数为1.5，科研的平均风险系数为0.5，该项无形资产投资报酬率为20%，行业基准收益率为30%。

要求：采用倍加系数法测算该项专有技术的重置成本。

3.A公司将一项专有技术转让给B公司，拟采用利润分成的方法，该技术系3年前由A公司从外部引入，账面成本100万元，3年间物价累计上涨为4%。经专业人员测算，该专有技术成本利润率达到350%。B公司购买该专有技术时资产重置成本为3 000万元，成本利润率为15%，通过对该专有技术的论证，技术人员认为该专有技术剩余使用寿命为7年。另外通过对市场以及企业的状况分析，企业实际生产能力为年产某种型号产品10万台，成本费用为每台300元，未来7年产量及成本费用变动不大，该产品由于使用了该专有技术，性能有较大幅度提高，未来第一年、第二年每台售价可达500

元，在竞争的作用下为维护自身的市场占有率，第三年、第四年降为每台450元，第五年、第六年每台售价为350元，第七年每台售价320元。折现率为10%，所得税税率为20%。

要求：

（1）根据以上资料计算确定该专有技术评估值；

（2）说明专有技术的特点，其价值影响的因素及在评估时应注意的事项是什么。

项目五

商标权资产评估

任务一　商标权及商标资产

一、单项选择题（每题只有一个正确选项，请将正确选项填在括号内）

1. 下列各项关于商标的分类论述正确的是（　　）。

A. 按商标的作用分类，可分为经常使用的商标、防御商标、联合商标、扩展商标、备用商标

B. 按商标的享誉程度分类，可分为普通商标和驰名商标

C. 按商标的功能分类，可分为商品商标、服务商标、集体商标和证明商标

D. 按商标的构成分类，可分为注册商标和非注册商标

2. 由对某种商品或者服务具有监督能力的组织所控制，而由该组织以外的单位或者个人用于其商品或服务，以证明该商品或服务的原产地、原料、制造方法、质量或者其他特定品质的标志是（　　）。

A. 商品商标　　B. 服务商标　　C. 集体商标　　D. 证明商标

3. 商标按其功能不同，可分为经常使用的商标、防御商标、联合商标、扩展商标、备用商标。下列各项属于将同一商标在不同商品上注册，阻止别人在其他商品上使用自己已经注册商标的是（　　）。

A. 经常使用的商标　　B. 防御商标　　C. 联合商标　　D. 扩展商标

4. 按商标的功能不同，商标可分为经常使用的商标、防御商标、联合商标、扩展商标、备用商标。下列各项属于为了防止他人侵犯而申请使用一系列与自己商标近似而又相互联系的商标是（　　）。

A. 经常使用的商标　　B. 防御商标　　C. 联合商标　　D. 扩展商标

5. 某生产经营单位注册汉字商标后，还注册英文的意译商标，这种商标是（　　）。

A. 备用商标　　B. 防御商标　　C. 扩展商标　　D. 联合商标

6. 按商标是否享受法律保护，商标可以分为注册商标和（　　）。

A. 驰名商标　　B. 非注册商标　　C. 普通商标　　D. 备用商标

7. 商标经注册后，商标所有者依法享有商标权益，并受到法律保护。但也有例外，下列各项中商标不注册也会受到法律保护的是（　　）。

A. 注册商标　　B. 驰名商标　　C. 普通商标　　D. 集体商标

8. 下列各项中，不可以作为商标申请注册的标志是（　　）。

A. 文字　　B. 地名　　C. 图形　　D. 三维标志

9. 不是所有的图形、文字等标志都可以用来作为商标使用，下列各项所列标志不得作为商标使用的情况是（　　）。

A. 中华牌香烟

B. 红十字会牌香烟

C. 经国际货币基金组织同意的国际货币基金牌香烟

D.经美国政府同意的美国牌香烟

10.具有较大的市场影响力、广为公众知晓并享有较高声誉的商标一般是指（　　）。

A.驰名商标　　B.普通商标　　C.扩展商标　　D.集体商标

11.林银县盛产苹果，远近闻名。该县成立了林银县苹果商会，申请注册了“林银”商标，核定使用在该县苹果商品上，许可本县苹果种植农户使用。下列各项说法正确的是（　　）。

A.“林银”商标是集体商标

B.“林银”商标是证明商标

C.“林银”商标使用了县级以上行政区划名称，应被宣告无效

D.“林银”商标是商品商标

12.下列各项中，不属于商标的作用的是（　　）。

A.商标表明商品或服务的来源

B.商标的价值来自企业所具有的超额获利能力

C.商标标志一定的商品或服务的质量

D.商标反映向市场提供某种商品或服务的特定企业的声誉

13.下列各项关于商标权的表述错误的是（　　）。

A.商标需要注册，未注册的商标即使能带来经济效益，其经济价值也得不到确认

B.在我国注册商标的有效期限是10年

C.商标权可以无限续展

D.连续5年停止使用商标的，商标权自行失效

14.下列各项关于商标权的表述正确的是（　　）。

A.商标资产通常为商品商标权和著作商标权

B.商标资产评估对象是指受法律保护的注册商标权益

C.商标资产通常为不知名商标

D.商标资产对商标标识的商品或服务的数量和质量不具有相对依附性

15.从本质上讲，商标权的价值主要取决于（　　）。

A.取得成本　　B.设计和宣传费用

C.商标所能带来的超额收益　　D.新颖性和创造性

16.商标资产是指商标权利人拥有或者控制的，能够持续发挥作用并且能带来经济利益的注册商标权益。关于商标资产价值特征的说法，下列各项正确的是（　　）。

A.商标资产对商标标识的商品或服务的数量和质量无依附性

B.商标资产不需要相关技术和管理支撑

C.广告宣传和营销管理对商标资产的价值具有维持和助推作用

D.商标资产不具有扩展能力

17.下列各项关于商标资产特征的表述，正确的是（　　）。

A.商标资产是指以商标权为核心的资产组合

B.商标资产独立于其标识的商品或服务的数量和质量

C.注册商标的专用权以核准注册的商标和核定使用的商品为限

D.商标资产具有时效性，注册商标的有效期一般为5年

18.下列各项关于商标资产价值特征的表述，错误的是（　　）。

A.商标对其标识的商品或服务的数量和质量具有相对依附性

B.商标资产需要相关技术和管理支撑

C.广告宣传和营销管理对商标资产的价值具有维持和助推作用

D.商标资产无法延伸到相关商品或服务上

19.我国《商标法》规定，注册商标有效期满需要继续使用的，应当在期满前（　　）内申请续展注册。

A.12个月　　B.10个月　　C.6个月　　D.1个月

20.我国《商标法》中规定每次续展注册的有效期为（　　）年。

A.10　　B.20　　C.50　　D.1

21.商标权与专利权相比，具有（　　）的特点。

A.受专项法律保护　　B.能为企业带来超额收益

C.共益性　　D.保护期限可续展

22.甲公司拟将其拥有的注册商标转让给乙公司，双方于2017年4月15日对转让价格达成一致，次日签订了商标转让协议，并于4月21日共同向商标局提出申请；5月3日，该商标转让申请经商标局核准并予以公告。本次转让行为中，受让人乙公司从（　　）起享有商标专用权。

A.4月15日　　B.4月16日

C.4月21日　　D.5月3日

二、多项选择题（每题有两个或两个以上正确选项，请将正确选项填在括号内）

1.按照商标是否具有法律保护的专用权分类，商标分为（　　）。

A.有法律保护的商标权　　B.注册商标

C.未注册商标　　D.无法律保护的商标权

2.按商标的作用分类，商标可分为（　　）。

A.商品商标　　B.普通商标　　C.集体商标　　D.证明商标

3.按商标的功能进行分类，商标可以划分为（　　）。

A.商品商标　　B.防御商标　　C.联合商标　　D.扩展商标

4.某电器厂为其生产的电器注册的商标“frde”属于（　　）。

A.文字商标　　B.符号商标　　C.商品商标　　D.经常使用的商标

5.下列商标具有专用性和排他性的有（　　）。

A.集体商标　　B.商品商标　　C.证明商标　　D.服务商标

6.商标的显著特征有（　　）。

A.显著性　　B.专用性　　C.竞争性　　D.隐秘性

7.商标权的特点有（　　）。

A.独占权　　B.按申请时间优先注册

C.地域性　　D.可转让性

8.下列各项关于商标权的表述，正确的有（　　）。

A.只有经过注册的商标，才会受到法律保护

B.转让注册商标的，转让人和受让人应当签订转让协议，并由转让人向商标局提出申请

C.一般来说，商标所有权转让的评估值高于商标权许可使用的评估值

D.转让注册商标的，受让人应当保证使用该注册商标的商品质量

9.下列各项属于商标权权利的有（　　）。

A.继承权　　B.独占权　　C.转让权　　D.许可使用权

10.商标权是指商标经注册或被认定为驰名商标而获得法律保护，形成了排他使用等权利。下列各项关于商标权的表述意思相同的有（　　）。

A.排他专用权　　B.独占权

C.许可使用权　　D.强制许可使用权

11.商标需要满足一定的条件才能成为商标资产，下列各项属于必须满足的条件有（　　）。

A.商标具有较大的市场影响力，广为公众知晓并享有较高声誉，只有驰名商标才能作为商标资产

B.以法律保护并能够带来超额的经济利益

C.必须是满足《商标法》的规定，经政府商标管理行政主管部门批准注册的商标

D.有区别企业商品或服务的功能及作用并能通过营销在消费者意识中形成独特的联想并产生经济利益

12.商标权的价值特征包括（　　）。

A.对商标标识的商品或服务的数量和质量具有相对依附性

B.广告宣传和营销管理对商标资产的价值具有维持和助推作用

C.商标资产需要相关技术和管理支撑

D.商标资产具有扩展能力

13.下列各项关于商标资产价值特征的表述，正确的有（　　）。

A.商标资产的价值具有永续性

B.商标资产具有扩展能力

C.对商标标识的商品或服务的数量和质量具有相对依附性

D.广告宣传和营销管理对商标资产的价值具有维持和助推作用

14.下列各项属于商标资产的法律特征的有（　　）。

A.商标资产的时效性　　B.商标资产的地域性

C.商标资产具有逻辑扩展能力　　D.商标资产的约束性

15.商品的生命周期一般包括（　　）。

A.研制阶段　　B.衰退阶段　　C.发展阶段　　D.成熟阶段

16.下列各项关于商标的使用和注册的表述，正确的有（　　）。

A.县级以上行政区划的地名或者公众知晓的外国地名，不得作为商标

B.已经注册的使用地名的商标继续有效

C.禁止注册的标志不得作为商标注册，也不能被未注册商标使用

D.以三维标志申请注册商标的，仅由商品自身的性质产生的形状、为获得技术效果而需有的商品形状或者使商品具有实质性价值的形状，不得注册

17.下列各项属于侵犯注册商标使用权的有（　　）。

A.销售侵犯注册商标专用权的商品

B.给他人的注册商标专用权造成其他侵害

C.销售伪造擅自制造的注册商标标识

D.未经商标注册人的许可在同一种商品上使用与注册商标相同的商标

三、判断题（正确的在括号内打“√”，错误的打“×”）

1.所有的图形、文字等标志都可以用来作为商标使用。（　　）

2.商标资产价值是由注册商标所带来的效益决定的，商标的设计、注册、广告费用对商标价值起决定性作用。（　　）

3.注册和非注册的驰名商标都会受到法律保护。（　　）

4.卷烟、雪茄烟和有包装的烟丝必须申请商标注册。（　　）

5.按商标的享誉程度分类，商标可分为普通商标和著名商标。（　　）

6.商标权具有时间性不具有地域性。（　　）

7.专利权和商标权都有有效保护期限，且都可续展。（　　）

8.商标权即使不续展，也可以成为永久性收益的无形资产。（　　）

9.商标按是否具有法律保护的专用权可分为注册商标和未注册商标。（　　）

10.转让注册商标的，转让人和受让人可以不签订转让协议。（　　）

11.商标未必有价值，但注册商标肯定有价值，必须予以评估。（　　）

12.注册商标有效期满需要继续使用的，商标注册人应当在期满前12个月内按照规定办理续展手续；在此期间未能办理的，可以给予10个月的宽展期。（　　）

13.获得法律保护之后最典型的商标资产是驰名商标。（　　）

14.在我国，注册商标的有效期为10年。（　　）

15.商标注册人可以办理续展的时间期限最长为1年。（　　）

16.从商标构成角度来看，“北京稻香村Since1773”属于符号商标。（　　）

四、思考分析

1.商标权的主要特征有哪些？

2.商标的价值是如何形成的？

3. 如果企业在中国注册了商标，在加拿大是否受到保护？是不是其他企业用此商标生产任何产品都被视为侵权？

4. 商标的成本由哪几部分组成？其成本和价值之间是什么关系？为什么？

5. 为什么中国的企业经常为外国的企业进行贴牌生产？这对中国生产企业有什么影响？

任务二　商标资产评估

一、单项选择题（每题只有一个正确选项，请将正确选项填在括号内）

1. 下列各项属于商标资产评估对象的是（　　）。

A. 商标　　B. 商标权　　C. 商标资产　　D. 注册商标权益

2. 下列各项通常不需要进行商标资产评估的是（　　）。

A. 商标权公开拍卖　　B. 商标权续展维护

C. 商标权侵权赔偿　　D. 商标权公允价值计量

3. 下列各项关于商标资产评估的工作，在确定评估的客体时不需要考虑的事项是（　　）。

A. 核实商标的法律状态

B. 确定评估目的

C. 确定价值类型

D. 确定注册商标是普通商标还是驰名商标

4. 评估客体的界定是指针对商标权本身特征进行的调查分析。下列各项不属于评估客体界定的主要工作的是（　　）。

A.核实商标的法律状态

B.明确注册商标是普通商标还是驰名商标

C.明确商标的盈利模式

D.明确被评估商标权利形式

5.在商标资产评估中，对商标的价值起决定性作用的是（　　）。

A.商标的设计　　B.商标的广告宣传

C.商标的注册　　D.商标带来的超额收益

6.（　　）是指商标商品或服务的质量及其相关服务得到消费者肯定和信任程度的指标。

A.影响力　　B.知名度　　C.商誉　　D.信誉度

7.若商标资产所依附的商品处于研制阶段，下列各项对商标资产价值判断的说法正确的是（　　）。

A.一般较高　　B.一般较低

C.无法确定　　D.需结合各项因素综合确定

8.良好的企业经营素质和优秀的管理是形成良好的商品质量及其较高知名度和信誉的保证，致使一个商标在不同的企业价值不同。下列各项符合此含义的是（　　）。

A.商标权的法律状态　　B.商标的使用方式

C.商品的获利能力　　D.商品经营企业的素质和管理水平

9.下列各项不属于影响商标资产价值的重要因素的是（　　）。

A.商标的购买成本　　B.商标注册时间

C.商标有无许可使用　　D.商标是图形商标还是文字商标

10.下列各项不属于商标资产价值影响因素的是（　　）。

A.宏观经济状况　　B.商标权人的价值预期

C.商标声誉的维护　　D.商标权的使用方式

11.影响商标资产价值最重要的因素是（　　）。

A.宏观经济状况　　B.商标的市场影响力

C.类似商标的交易情况　　D.商标的续展年限

12.在商标价值评估中，从增量收益法的角度看，下列各项不属于商标权而增加收益的是（　　）。

A.增加产量　　B.节省成本　　C.减少人员　　D.提高价格

13.商标的价值内涵是商品的质量信誉，但其成本本身采用商标设计费、注册费、广告费等，说明无形资产的成本具有（　　）。

A.不完整性　　B.虚拟性　　C.弱对应性　　D.象征性

14.下列各项说法正确的是（　　）。

A.商誉是能离开企业而单独存在的无形资产

B.商标可以转让其使用权，但不能转让其所有权

C.商标可以转让其所有权，也可以转让其使用权

D.商誉是产品的标志

二、多项选择题（每题有两个或两个以上正确选项，请将正确选项填在括号内）

1.在商标的评估中，评估客体的界定需要做的工作有（　　）。

A.核实标的商标的法律状态

B.明确注册商标是普通商标还是驰名商标

C.明确商标的盈利模式

D.明确商标的盈利金额

2.在商标评估客体约束条件的界定过程中主要包括的工作有（　　）。

A.明确评估特定目的

B.明确被评估商标权利形式

C.明确被评估商标使用对象范围与空间范围

D.明确被评估商标的价值

3.影响商标资产价值的因素有（　　）。

A.宏观经济状况　　B.商标市场的影响力

C.商标的法律状态　　D.商标的使用方式

4.下列各项关于商标的表述正确的有（　　）。

A.对商标资产进行评估时，评估客体的界定需要核实标的商标的法律状态以及明确商标的盈利金额

B.商标权一般包括排他专用权（或独占权）、转让权、许可使用权、消费权

C.商标专用权评估中的商标资产价值类型通常为市场价值

D.许可使用权是指商标权人依法通过商标使用许可合同允许他人使用其注册商标

5.通过商标所标识的特定商品或服务的质量，会逐步实现商标的（　　）。

A.知名度　　B.信誉度　　C.图形　　D.市场影响力

6.下列各项属于引起商标资产评估的经济事项的有（　　）。

A.商标所有权转让　　B.商标权财务核算

C.商标所有权投资　　D.商标权质押融资

7.商标所带来的效益是依托相应的商品或服务来体现的，与之有关的因素包括（　　）。

A.商品经营企业的素质和管理水平

B.商品所处的行业及前景

C.商品的生命周期

D.商品的市场占有率及竞争状况

8.下列各项是对商标资产评估范围的界定内容，一般包括（　　）。

A.待评估商标的种类、数量

B.待评估商标的地域范围

C.待评估商标应用的商品种类

D.待评估商标的商品市场占有率及竞争状况

三、判断题（正确的在括号内打“√”，错误的打“×”）

1. 商标资产评估对象可以是受法律保护的注册商标也可以是非注册商标。　（　　）

2. 在某些情况下，商标资产评估对象就是商标资产本身。　（　　）

3. 一般情况下，同一行业，驰名商标价值高于非驰名商标价值，是否完成驰名商标认定不会影响商标资产的价值。　（　　）

4. 商标资产评估过程中收集的相关资料不包括商标注册人和商标使用人的基本情况。　（　　）

四、思考分析

1. 如何针对商标权不同的评估目的选择不同的评估方法？

2. 试述商标评估的基本假设。

3. 请分析说明商标资产价值的影响因素。

4. 说明商标资产评估程序。

任务三　商标资产的评估方法

一、单项选择题（每题只有一个正确选项，请将正确选项填在括号内）

1. 评估对象为甲企业拥有的某一知名商标，经评估人员分析，预计评估基准日后甲企业每年的净利润在1 000万元的水平上，净资产保持在10 000万元的水平上，行业平均净资产收益率为8%，假设折现率为10%，企业经营期为50年，不考虑其他因素，则该商标的评估值最接近（ ）万元。

A.1 294　　B.1 329　　C.1 983　　D.2 500

2.A公司将其拥有的某项产品的商标使用权通过许可使用合同许可给B公司使用。使用期为3年。按许可协议，B公司每年按使用该商标新增利润的25%支付给A公司。B公司拟年生产该商标产品20万台，每台市场价为100元，公司预期各年销售利润率为20%，按折现率10%计算，该评估标的评估价值接近（ ）万元。

A.995　　B.249　　C.497　　D.1 243

3.某企业“XX2”牌注册商标创造的效益为30万元，该企业的风险报酬率为8%，无风险报酬率为2%，该商标的独占专用权价格为（ ）万元。

A.300　　B.375　　C.1 500　　D.500

二、多项选择题（每题有两个或两个以上正确选项，请将正确选项填在括号内）

1.甲企业拟许可乙企业使用其商标，资产评估师运用收益法对该商标资产使用权的投资价值进行评估时，下列各项不属于其未来收益预测范围的有（ ）。

A.甲企业与乙企业使用商标生产销售产品带来的收益

B.乙企业的产品服务及投资收益

C.甲企业使用被评估商标产品带来的收益

D.乙企业使用被许可商标带来的收益

2.下列各项属于商标资产转让价值评估的超额收益法的有（ ）。

A.直接测算商标的超额收益

B.收益分成法

C.与上期水平比较，估算超额收益

D.与同行业平均水平比较，估算超额收益

三、判断题（正确的在括号内打“√”，错误的打“×”）

1.商标资产只要所有者合法经营下去，商标的法律保护年限可以是无限的。（ ）

2.当使用某一商标与不使用该商标相比，商品价格有差别时，可直接计算商标资产的超额收益。（ ）

3.对商标资产转让价值的评估通常采用收益分成法。（ ）

4.一般来说，商标所有权转让的评估值高于商标权许可使用的评估值。（ ）

四、思考分析

1.在使用收益法评估商标资产价值，确定收益额、折现率和收益期限时，应该注意哪些问题？

2.商标未来收益额的预测方法有哪些？

3.红星电子科技有限公司（以下简称红星公司）为中外合资企业，经营二十多年来，经营稳定，质量上乘，价格实惠，在市场上已得到广大消费者的认可，树立了信誉，销量日增，电子产品已进入国际市场，深受国外用户的信赖。为了进一步扩大业务，占领国际市场，提高企业竞争能力与应变能力，该公司于2016年年末进行了股权结构的重组，除原有五家股东增加投资并吸收某国新股东投资外，还将原属于红星公司的“红星”牌商标评估作价，作为原五家股东所有的无形资产，共同投入新公司作为各自入资的一部分。经评估，该商标以评估值作价投入新公司已被新股东接受，现增资扩股工作已经完成，新的合资公司已正式营业，由于资金实力较前雄厚，新公司扩大了生产规模，增加了三条生产线，“红星”商标的知名度与美誉度也有所提高，吸引了更多投资者的关注与兴趣。

要求：

（1）上述资料中的“红星”牌商标是典型的无形资产，具有无形资产的常见功能特征，请列出无形资产常见的功能特征。

（2）在红星电子科技有限公司进行股权重组时，要对无形资产进行清查核实，在清查核实时，对“红星”牌商标可以采用哪些方法。

（3）“红星”牌商标属于一种商标资产，商标资产是指商标权利人拥有或控制的，能够持续发挥作用并且能带来经济利益的注册商标权益。商标资产有其自身独特的形式特征，请列出其形式特征。

五、综合训练

1. 甲企业现生产A塑料产品，为了提高A塑料产品的市场占有率，希望从乙公司获得其“YY”商标的使用权。甲企业已经与乙公司达成了“YY”商标使用权的转让初步协议，现委托评估机构对甲企业拟购乙公司所拥有的塑料制品“YY”商标使用权的价值进行评估，评估基准日为2020年1月1日。

经评估人员调查分析，乙公司是全球知名企业，“YY”商标使用权上次续展的时间是2017年1月1日，并按时交纳了有关商标的费用，商标有效。如果A塑料产品采用了乙公司的“YY”商标，预计在评估基准日后15年内可具有稳定的市场，产品销售价格可由原来的每台500元提高到650元，全部成本（即由增值税引起的税金及附加增加）由原来的每台450元增加到520元，评估基准日后第1年可销售15 000台，第2年可销售18 000台，从第3年开始每年可销售20 000台。15年以后企业不再使用乙企业的商标，购买该商标的风险回报率是6%，国库券的利率是4%，如果甲企业适用的所得税税率是25%，市场上该类商标的利润收益分成率为30%。

要求：

（1）请评估甲企业购买乙公司“YY”商标使用权的价值；

（2）说明商标知名度对商标资产价值的影响；

（3）结合本案例说明商标资产的评估程序。

2. 甲企业决定将使用了10年的注册“LY”商标转让。据调查，该企业使用这一商标的商品比其他企业同类商品的单价高出5元，该企业年生产量是900万台，假设目前市场情况表明未来5年市场需求量和企业生产量可以达到1 000万台，假定折现率为10%。

假设不是转让所有权，而是通过许可使用合同将“LY”商标使用权许可给乙企业使用。合同约定：使用期限为5年，经预测乙企业使用该商标后每台产品可新增利润5元。第一年至第五年的销售量分别为20万台、25万台、30万台、40万台和55万台，利润分成率为30%，折现率确定为10%。

要求：

（1）计算“LY”商标使用权价格；

（2）商标使用权价值和所有权价值是否一致？为什么？

3.候鸟皮鞋厂将“候鸟”注册商标通过许可使用合同许可给某鞋厂使用。使用时间为5年。双方约定该鞋厂按使用商标新增税前利润的30%支付给候鸟皮鞋厂。据估测，某鞋厂使用“候鸟”商标后，每双鞋可新增税前利润100元，目前该鞋年实际销量为2万双。评估人员预测，该鞋的这种市场优势尚可保持5年，且每年的销量会以10%的速度递增。国库券利率为3.5%，风险报酬率为4.5%。该企业所得税税率为25%。

要求：计算“候鸟”商标许可使用权价值。

4.甲公司注册拥有“MN”商标专用权，并用于“MN”牌饮料产品。“MN”牌饮料产品具有独特的配方和口感。多年来，甲公司一直非常重视内部生产管理和市场营销、消费者体验，“MN”牌饮料产品质量稳定，形成了稳定的消费群体。随着市场规模的扩大，甲公司产能已不能满足市场需求。2018年甲公司营业收入为87 000万元，净利润为24 750万元，资产总额为137 500万元，净资产为82 500万元。

乙公司长期从事饮料食品等生产，具有一定的生产能力，但由于产品缺乏品牌影响，企业经营状况一般，历史年度平均利润率（利润总额/营业收入）为15%。乙公司所得税税率为25%。

2020年年末，甲、乙公司经过谈判，拟进行合作。甲公司授权乙公司使用“MN”商标生产“MN”牌饮料，并提供相应的管理、配方、市场营销支持。初步确定“MN”

商标授权使用期限为5年，采用普通许可方式。为确定“MN”商标授权使用费金额，需对“MN”商标资产价值进行评估，评估基准日2020年12月31日。

乙公司参考“MN”牌饮料产品历史销售情况，结合自身产能和市场分析。预测未来年度营业收入及利润总额见表5-1。

表5-1　“MN”牌饮料盈利预测表

项目	2021年	2022年	2023年	2024年	2025年
营业收入（万元）	15 000	18 000	20 700	22 800	22 900
利润总额（万元）	5 250	6 300	7 245	1 980	8 368
利润率（利润总额/营业收入）	35%	35%	35%	35%	35%

经分析，无形资产中商标资产贡献率为55%，预测年度保持稳定。基准日5年期国债到期收益率3.5%，1年期国债到期收益率2%。影响商标资产的政策风险为1%，法律风险为1.5%，市场风险为2.5%，技术替代风险为1.5%，公司管理风险为2%。

要求：

（1）说明本次商标资产评估对象和评估方法；

（2）按照超额收益法计算乙公司无形资产超额收益率；

（3）计算“MN”商标超额收益率；

（4）确定商标资产收益期限，并说明理由，计算预测各项商标资产超额净收益；

（5）采用累加法计算商标资产折现率；

（6）假设现金流量在期末产生，计算商标资产评估价值。

5.W企业在多年的生产经营中，利用某项专利技术研究开发出了A系列产品，并于2013年年初开始在市场推广。A系列产品上市以来销售量逐年增加，价格显著高于其他企业同类产品，逐步赢得了较高的知名度和美誉度。W企业为A系列产品注册了商标，商标注册核准使用范围为第X类A系列产品。

随着A系列产品的知名度越来越大，W企业拟进一步扩大生产规模，开发新的产品。2015年年初以该商标在银行质押贷款5 000万元，贷款期限3年，用于开发第Y类

B系列产品。B系列产品于2016年上市，通过采用与A系列产品同样的商标标志，很快便为市场所熟知和认可，销售情况良好。

2017年年初，该企业拟将上述商标资产转让给其下属子公司，委托某资产评估机构对该商标权的价值进行评估，评估基准日为2016年12月31日。评估师经过调查分析，除上述资料提到的无形资产外，企业没有其他无形资产，决定采用增量收益法进行评估。

经预测：（1）未来3年A系列产品年平均增量收益为3 000万元，B系列产品年平均增量收益为3 600万元，其中用于研发A系列产品的专利技术在这3年对其增量收益的贡献分别为30%、20%和10%。（2）3年后该两种产品每年平均可获取的增量收益分别为1 200万元和2 000万元，专利技术的贡献可忽略不计。（3）商标资产折现率为15%。

要求：

（1）确定评估对象和范围及价值类型；

（2）计算W企业商标权价值。

6.甲企业拥有一项于5年前注册的驰名商标，目前该商标生产的产品，每年可销售100万件，由于市场状况良好，预计以后每年可销售120万件，已知市场上同类产品售价0.8元/件，甲企业的资产构成比重为流动资产：固定资产：无形资产＝2：5：3，商标资产占全部无形资产的贡献比例为40%，企业的平均投资回报率为8.6%，流动资产和固定资产的投资回报率均为8%，不考虑所得税影响，假设甲企业将会按当前的规模和状态继续经营下去。

要求：

（1）确定商标的法律剩余年限和收益期限；

（2）计算商标的超额收益率；

（3）经过调查分析，使用无形资产回报率作为折现率，计算该项商标的价值。

项目六
商誉评估

任务一　商誉概述

一、单项选择题（每题只有一个正确选项，请将正确选项填在括号内）

1. 下列各项属于不可辨认无形资产的是（　　）。

A. 商标权　　B. 商誉　　C. 专营权　　D. 土地使用权

2. 国际评估准则委员会在其颁布的《无形资产评估指南》中，将商誉列为（　　）。

A. 权利型无形资产　　B. 关系型无形资产

C. 组合型无形资产　　D. 知识产权

3. 企业存在不可辨认无形资产，按单项评估加总的方法和整体评估的方法所得的评估结果会有一个差额，这个差额通常被称作（　　）。

A. 商标　　B. 专利权　　C. 专营权　　D. 商誉

4. 商誉评估值的高低与企业为形成商誉而投入的费用（　　）。

A. 没有关系　　B. 有一定的关系

C. 有直接关系　　D. 有完全关系

5. 下列各项关于商誉特征的表述，不正确的是（　　）。

A. 商誉是一项一定能增加企业价值的无形资产

B. 商誉是企业整体价值扣除单项资产加和之后的差额

C. 形成商誉的个别因素不能单独计价

D. 商誉是企业长期积累的价值

6. 下列各项关于商誉的表述，正确的是（　　）。

A. 商誉是企业长期积累起来的一项无形资产价值

B. 商誉是一项能单独产生效益的无形资产

C. 作为无形资产，企业可用商誉对外投资转让

D. 形成商誉的个别因素能以任何方法单独计价

7. 下列各项关于商誉的表述，错误的是（　　）。

A. 商誉的价值可正、可负、可为零

B. 商誉是一种能够资本化的无形资产

C. 商誉是企业收益与社会基准收益的差额

D. 商誉是一种不可辨认的无形资产

8. 下列各项关于商誉与商标区别的表述，正确的是（　　）。

A. 商标是产品的标志，商誉是企业整体声誉的体现

B. 企业全部商标价值加和等于商誉

C. 商誉可单独存在，商标不可以单独存在

D. 商誉可以转让，商标不可以转让

二、多项选择题（每题有两个或两个以上正确选项，请将正确选项填在括号内）

1.下列各项是形成企业商誉原因的有（　　）。

A.所处地理位置的优势　　B.生产经营效率高
C.管理基础好　　D.生产历史悠久

2.下列各项影响商誉价值的因素包括（　　）。

A.秘密的技术和工艺　　B.杰出的管理层
C.良好的企业物质条件　　D.高素质的企业员工

3.自创商誉价值的影响因素较多，下列各项属于自创商誉价值的有（　　）。

A.企业的资信级别　　B.企业的盈利情况
C.企业的资金状况　　D.企业的历史和文化

4.根据商誉的不同来源，商誉可以分为（　　）。

A.并购商誉　　B.自创商誉　　C.正商誉　　D.负商誉

5.下列各项属于商誉特征的有（　　）。

A.形成商誉的个别因素可以单独计价
B.商誉是企业整体价值扣除全部有形资产价值以后的差额
C.商誉不能和企业可辨认的资产分开销售
D.商誉是企业长期积累起来的一项价值

6.下列各项关于商誉的表述，正确的有（　　）。

A.形成商誉的个别因素不能单独计价
B.商誉是企业整体价值扣除全部有形资产价值以后的差额
C.商誉不能与企业可辨认的资产分开出售
D.商誉是企业长期积累起来的一项价值

7.下列各项关于商誉的表述，正确的有（　　）。

A.不是所有企业都有商誉，商誉只存在于那些长期具有超额收益的少数企业之中
B.商誉评估必须坚持预期原则，企业是否拥有超额收益是判断企业有无商誉和商誉大小的标志
C.商誉评估值高低与企业中为形成商誉投入的费用和劳务没有直接联系，因此，商誉评估不能采用投入费用累加的方法进行
D.商誉是由众多因素共同作用形成的，但形成商誉的个别因素具有不能单独计量的特征，决定了商誉评估不能采用市场类比的方法进行

8.商誉价值的评估方法有（　　）。

A.成本法　　B.市场法　　C.超额收益法　　D.割差法

9.商誉是多项因素作用形成的结果，一般业界公认构成商誉的主要有（　　）。

A.良好的企业物质条件　　B.高素质的企业员工
C.卓越的销售组织　　D.优秀的资信级别

10.美国财务会计准则在SFAS 141《企业合并》中把外购商誉具体分解成六个部分，其中被称为“核心商誉”的有（　　）。

A.并购日被并方净资产的公允价值超过其账面价值的部分
B.并购方和被并方通过整合产生的超额集合价值
C.被并方超额集合价值，它通常代表业已存在的商誉，即被并方自创商誉或以前外购获得的商誉
D.被并方未确认的其他净资产的公允价值

11.下列各项关于商誉与商标关系的表述，正确的有（　　）。
A.商标是产品的标志，而商誉则是企业整体声誉的体现
B.商标是不可辨认的无形资产，商誉则是可辨认的无形资产
C.商标可以转让其所有权，也可以转让其使用权，而商誉只随企业行为的发生实现其转移或转让，没有所有权与使用权之分
D.二者都是无形资产

12.下列各项关于商誉与商标区别的表述，错误的有（　　）。
A.商誉与商标都属于不可辨认的无形资产
B.商标价值来自产品所具有的超额获利能力，商誉价值则来自企业所具有的超额获利能力
C.商誉是与企业密切相关的，企业经营机制完善并且运转效率高，企业的经济效益就高，信誉就好，其商誉评估值也就越大
D.商誉与商标既可以转让其所有权，也可以转让其使用权

13.商誉与商标都属于无形资产，它们之间的关系表现在（　　）。
A.商誉与商标是相同含义的无形资产
B.企业全部商标价值之和等于商誉
C.商誉与企业相联系，商标与产品相联系
D.商誉是不可辨认资产，商标是可辨认资产

三、判断题（正确的在括号内打“√”，错误的打“×”）

1.商誉是多项因素作用形成的结果，评估时应按各项因素形成价值后确定评估值。（　　）
2.商誉不能离开企业而存在，不能与企业可辨认资产分开出售。（　　）
3.商誉评估值是企业中全部商标评估值之和。（　　）
4.商誉评估值的高低与企业为形成商誉而投入的费用没有直接关系。（　　）
5.商誉可以离开企业而独立存在，并且可以与企业可辨认资产分开销售。（　　）
6.资本市场影响并购商誉价值。（　　）

四、思考分析

1.简述商誉概念、特征及评估商誉目的。

2. 商誉价值构成的因素有哪些？

3. 简述商誉价值与企业整体价值的关系，如何理解商誉的依附性。

4. 如何理解商誉与商标的区别？

5. 商誉为什么不能离开企业单独存在？

6. 所有企业都有商誉吗？企业负债的大小和企业的商誉之间有什么关系？为什么？

任务二　商誉评估

一、单项选择题（每题只有一个正确选项，请将正确选项填在括号内）

1. 下列各项属于商誉评估方法的是（　　）。
   A. 超额收益法　　B. 市场法　　C. 成本法　　D. 许可费节省法
2. 下列各项关于商誉评估的表述，错误的是（　　）。
   A. 商誉评估坚持预期原则
   B. 商誉评估宜采用收益法进行
   C. 商誉评估不能采用投入费用累加的方法进行

D.商誉评估可以采用市场类比的方法进行

3.A企业将并购B企业，根据B企业过去经营情况和未来市场形势，预测其未来3年的净利润分别为15万元、18万元、20万元，从第4年开始，以后各年净利润均为21万元。根据银行利率及企业经营风险情况确定的折现率为15%，并且采用单项资产评估方法，评估确定该企业单项资产之和（包括有形资产和可辨认无形资产）为100万元，则企业的商誉价值为（　　）万元。

A.100　　B.26　　C.31.85　　D.131.85

4.已知被评估企业单项资产评估值之和为5 000万元，该企业评估基准日之后的每年预期收益率为20%，行业平均收益率为15%，假设适用的资本化率为10%，企业无限期经营，仅依据上述条件，该企业的商誉最接近（　　）万元。

A.1 500　　B.2 500　　C.3 500　　D.6 000

二、多项选择题（每题有两个或两个以上正确选项，请将正确选项填在括号内）

1.下列各项属于商誉评估方法的有（　　）。

A.超额收益法　　B.市场法　　C.成本法　　D.割差法

2.下列各项关于商誉评估的表述，正确的有（　　）。

A.企业负债规模越大，企业商誉价值越小

B.商誉评估常采用收益法

C.商誉的评估值=企业整体价值评估值－企业的各单项可辨认资产评估值之和

D.评估商誉价值时需要考虑企业对商誉投入的费用和劳务

三、判断题（正确的在括号内打“√”，错误的打“×”）

1.商誉离开实物载体后就失去了价值，所以主要采用超额收益法进行评估。（　　）

2.企业商誉评估价值只能是正值，不能是负值。（　　）

3.割差法用于商誉评估时，是通过计算企业整体价值扣除各项有形资产和可辨认无形资产价值后的差额而确定商誉价值的。（　　）

4.商誉评估不能采用市场类比法，但可采用投入费用累加法。（　　）

5.企业负债规模大小直接决定着企业商誉价值的大小。（　　）

6.企业是否拥有超额收益是判断企业有无商誉和商誉大小的标志，这里所说的超额收益指的是企业过去或现在的超额收益。（　　）

四、思考分析

1.简要说明商誉的评估方法。

2.简述商誉评估的原则和意义。

3.你认为在对企业商誉进行评估前，首先要注意哪些问题。

4.商誉的评估可否采取市场类比的方法？为什么？

5.企业商誉的成本构成是什么？能不能采用成本法评估企业的商誉？

6.对企业未来收益额的预测应该着重考虑哪些因素。

五、综合训练

1.某企业的年预期收益额为40万元，该企业各单项资产价格之和为20万元，企业所在行业的平均收益率为15%，企业以行业平均收益率为适用资本化率。

要求：计算该企业的商誉价值并说明评估技术思路。

2.甲企业拟进行产权转让，需进行评估。经专家预测，其未来5年的净利润分别为100万元、120万元、150万元、160万元、200万元，从第6年起，每年的利润处于稳定状态，即保持在200万元的水平上。该企业有一笔10万元的短期负债，其有形资产有货币资金、存货和固定资产，且其评估值分别为80万元、120万元和660万元。该企业还有一个尚有5年剩余经济寿命的非专利技术，该技术产品每件可以获得超额净利润15元。目前，该企业每年生产产品10万件。经分析：未来5年中，该企业每年可以生产12万件产品。若折现率和资本化率均为10%。

要求：计算甲企业的商誉价值并说明评估技术思路。

3.甲企业因股份制改革需进行评估，评估基准日为2020年1月1日。经评估人员调查分析，预计甲企业2020年至2024年的净利润分别为100万元、110万元、120万元、120万元和130万元，从2025年起，甲企业净利润将保持在按2020年至2024年各年净利润计算的年金水平上。该企业有形资产账面净值为867万元，评估基准日评估价值为916万元。该企业的可辨认无形资产仅有一项专利技术。该项专利技术可改善企业现有产品的性能，从而能以更高的价格在市场上出售，并且可维持三年的超额收益期，预计该专利产品第一年售价为300元/台，销量为4 500台；第二年售价为250元/台，销量为5 000台；第三年售价为210元/台，销量为6 000台，同类产品的市场销售价格为200元/台，该专利产品的单位成本与同类产品大体相同。假设折现率和资本化率均为10%，该企业适用的所得税税率为20%（假设不考虑流转税因素）。

要求：计算甲企业的商誉价值并说明评估技术思路。

项目七

著作权资产评估

任务一　著作权资产

一、单项选择题（每题只有一个正确选项，请将正确选项填在括号内）

1. 著作权是指文学、艺术品和科学作品的创作者依照法律规定对这些作品所享有的各项专有权利。下列各项不属于著作权的是（　　）。

A. 发行权　　B. 信息网络传播权

C. 探矿权　　D. 放映权

2. 下列各项不属于版权特征的是（　　）。

A. 自动保护原则　　B. 可续展性

C. 权利多样原则　　D. 法律特性

3. 下列各项不属于著作权的财产权利的是（　　）。

A. 复制权　　B. 信息网络传播权

C. 发行权　　D. 署名权

4. 下列各项一般不能成为著作权主体的是（　　）。

A. 作品翻译者

B. 未被视为作者的法人或者其他组织

C. 为作品的创作提供咨询意见、物质条件或为他人的创作做组织工作或其他辅助工作的人

D. 国家

5. 下列各项属于著作权人身权的是（　　）。

A. 修改权　　B. 复制权　　C. 发行权　　D. 出租权

6. 下列各项中，按照作品使用方式来划分的著作权财产权的是（　　）。

A. 发行权　　B. 摄制权　　C. 出租权　　D. 展览权

7. 根据《著作权法》，下列各项属于电影作品著作权享有者的是（　　）。

A. 导演　　B. 制片人　　C. 编剧　　D. 摄影

8. 下列各项是指借助器械在感光材料或者其他介质上记录客观物体形象的艺术作品的是（　　）。

A. 电影作品　　B. 摄影作品　　C. 建筑作品　　D. 美术作品

9. 在“作品使用方式相关权利”中，适用于大部分作品权利的有（　　）种。

A.3　　B.4　　C.5　　D.6

10. 作品传播权是指作品传播者等因其在传播作品过程中所做出的创造性劳动、投资或其他贡献而被法律赋予的权利，按照《著作权法实施条例》的规定，下列各项与著作权有关的权益是（　　）。

A. 复制权　　B. 翻译权

C. 汇编权　　D. 表演者对其表演享有的权利

11.据我国著作权法规，对于一项两人合作完成作品的署名权，其保护期为（ ）。

A.作品完成之日起100年

B.作品首次发表日起50年

C.最后一位死亡的作者死亡之日起50年

D.永久

12.下列各项属于法人作品的保护期限的起始日是（ ）。

A.作品完成日　　B.作品首次发表日

C.作品登记日　　D.作品出版日

13.下列各项仅体现在电影作品、计算机软件作品上的是（ ）。

A.表演权　　B.出租权　　C.展览权　　D.放映权

14.甲、乙两人系同事，甲曾委托乙创作一剧本，乙碍于情面答应为其创作，但是双方没有订立任何书面合同也未做出明确的口头约定，乙按时完稿交甲审阅，甲看后让乙再做修改。后甲因工作关系调到他省工作，乙修改完作品便以自己的名义对外发表。甲知悉后，提出著作权属于自己。依法律规定，此剧本的著作权属于（ ）。

A.甲、乙均不享有　　B.甲、乙共同享有

C.甲一人享有　　D.乙一人享有

15.根据我国著作权法的规定，下列各项属于受版权保护的产品是（ ）。

A.时事新闻　　B.历法、通用表格

C.法律法规　　D.地图、示意图

16.根据我国著作权法的有关规定，表演艺术版权的获得（ ）。

A.需由文化主管部门批准　　B.需由宣传主管部门批准

C.需由知识产权主管部门批准　　D.不需要任何部门批准

17.下列各项关于版权的表述，错误的是（ ）。

A.根据法律规定，版权是自动获得的权利，所以其保护期不受法律的限制

B.版权中的作者的署名权、修改权、保护作品完整权的保护期不受限制，永远归作者所有

C.版权权利具有多样性，根据相关法律规定，版权人享有的法律明确规定的经济权利有12项，且这些权利可以是彼此独立的

D.版权属于一种知识产权

18.受委托创作的作品，著作权的归属由委托人和受托人通过合同约定，合同未做明确约定或者没有订立合同的，著作权属于（ ）。

A.委托人和受托人共同所有　　B.委托人

C.受托人　　D.作品创作者

19.王某的长篇小说《东方之星》于1997年6月1日发表，第2年王某去世。王某的著作财产权将终止于（ ）。

A.2047年6月1日　　B.2047年6月12日

C.2047年12月31日　　D.2048年12月31日

20.下列各项不属于著作权限制的是（ ）。

A. 地域的限制 B. 时间的限制

C. 作品内容的限制 D. 对某些财产权在行使上的限制

21. 我国著作权法中规定的保护期限受时间限制的是（ ）。

A. 署名权 B. 修改权

C. 保护作品完整权 D. 发表权

22. 我国著作权法规定，著作权人向期刊社投稿的，至稿件发出之日起（ ）内未收到期刊社通知决定刊登的，可以将同一作品向其他期刊社投稿，但双方另有约定的除外。

A.15 日 B.20 日 C.30 日 D.10 日

23. 下列各项属于著作权资产的形式特征的是（ ）。

A. 著作权资产的时效性

B. 著作权资产的地域性

C. 著作权资产与演绎作品共同发挥作用

D. 不同的著作权具有不同的法律保护期限

24. 甲和乙共同创作了一部长篇小说，于 1988 年 6 月 1 日创作完成，甲于 2015 年 8 月 1 日去世，乙于 2018 年 7 月 1 日去世，则该小说的法律保护期限截止日是（ ）。

A.2038 年 12 月 31 日 B.2065 年 12 月 31 日

C.2068 年 12 月 31 日 D.2018 年 7 月 1 日

25. 下列各项属于著作权资产的法律特征的是（ ）。

A. 时效性 B. 价值性 C. 法定性 D. 公益性

二、多项选择题（每题有两个或两个以上正确选项，请将正确选项填在括号内）

1. 关于著作权，下列各项说法正确的有（ ）。

A. 著作权的主体可以是公民或法人而不可能是组织或单位

B. 著作权也称版权，是知识产权的一种，是法律赋予文学、艺术和科学作品的作者对其创作的作品所享有的专有民事权利

C. 著作权自作品创作完成之日起产生

D. 著作权属于作者，是著作权归属的一般原则

2. 著作权的诸多权利中，下列各项属于著作权人身权利的有（ ）。

A. 发表权 B. 署名权 C. 修改权 D. 保护作品完整权

3. 下列各项属于版权具有的特征的有（ ）。

A. 自动保护 B. 形式的局限性

C. 独立性 D. 权利的多样性

4. 在《中华人民共和国著作权法实施条例》中，对与著作权相关联作品的形式进行了界定，下列各项属于著作权相关联作品的有（ ）。

A. 图形作品 B. 口述作品

C. 杂技艺术作品 D. 曲艺作品

5. 下列各项属于著作财产权中与作品使用方式相关的权利有（ ）。

A.复制权 B.出租权 C.改编权 D.摄制权

6.著作权限制是指法律规定对著作权的行使给予一定的限制。这种限制主要包括（ ）等情况。

A.对权利行使范围的限制 B.对著作权支付报酬的限制

C.对著作权行使期限的限制 D.对著作权的地域限制

7.下列各项中，著作权和邻接权的区别主要表现在（ ）。

A.主体不同 B.内容不同

C.保护客体不同 D.保护的前提不同

8.下列各项关于邻接权与著作权的表述，正确的有（ ）。

A.著作权的主体主要是作品的创作者

B.邻接权的主体是作品的传播者

C.著作权包括人身权和财产权

D.邻接权除了表演者权中包含的两项人身权以外，其他的邻接权在性质上都是财产权

9.下列各项关于版权保护期的说法，正确的有（ ）。

A.版权中作者的署名权保护期不受限制，永远归作者所有

B.电影、电视、录像和摄影作品的发表权、使用权和获得报酬权的保护期为50年

C.公民合作的作品，保护期为至最后死亡的作者死亡后的第50年的12月31日

D.自然人的软件版权，保护期为自然人开发完成之日起之后的50年

10.下列各项属于著作权法保护内容的有（ ）。

A.口述作品 B.地图作品

C.立法文件的官方正式译文 D.时事新闻

11.根据我国著作权法的相关规定，著作权资产的形式特征包括（ ）。

A.著作权资产与相关有形资产以及其他无形资产共同发挥作用

B.著作权和与著作权有关权利（邻接权）共同发挥作用

C.著作权资产与演绎作品共同发挥作用

D.著作权资产的时效性

12.下列各项属于著作权（版权）的经济权利的有（ ）。

A.出租权 B.广播权 C.放映权 D.汇编权

13.著作权也称版权，它是知识产权的一个重要组成部分，也是现代社会发展中不可缺少的一种法律制度。下列各项属于著作权财产权的有（ ）。

A.翻译权 B.摄制权 C.改编权 D.复制权

14.流行音乐和经典音乐的巨大差异表现在（ ）。

A.寿命周期差异 B.创作投入差异

C.技术差异 D.顾客对象差异

15.著作权资产的法律特征包括（ ）。

A.效益性 B.地域性 C.时效性 D.关联性

16.下列各项表述正确的有（ ）。

A.对于著作权资产，如果是合作作品，其保护期限截止于最后死亡的作者死亡后第50年的1月1日

B.一般来说著作权的地域性限制越小，著作权评估价值也就越大，反之越小

C.著作权资产评估对象是指著作权中的财产权益以及与著作权有关权利的财产权益

D.著作权资产中作品的内容主要受其艺术性、时代性和技术水平的影响

17.对作者个人的创造性工作依赖性较强的著作权作品有（　　）。

A.文字作品　　B.美术作品　　C.影视作品　　D.摄影作品

三、判断题（正确的在括号内打“√”，错误的打“×”）

1.作品完成后，须进行申请版权才能受法律的保护。（　　）

2.作者去世后30年内仍可享受财产的权利。（　　）

3.著作权的客体是作品。（　　）

4.邻接权是完全独立于著作权之外的一种权利，与著作权之间不存在联系。（　　）

5.著作权属于民事权利，是知识产权的重要组成部分。（　　）

6.著作权中人身权不属于无形资产，但财产权属于无形资产。（　　）

7.著作权价值能否实现的关键是是否具有“作品传播相关权利”。（　　）

8.改编权属于著作权的组成部分，其价值往往低于汇编权的价值。（　　）

9.抵押权属于著作权（版权）的经济权利。（　　）

10.电影作品著作权的主体是导演。（　　）

11.限制著作权权利行使范围，就是对著作权人享有的著作权规定一些“例外”。在“例外”情况下，对著作权人作品的使用不受其“专用权利”的限制，也不构成侵权。（　　）

12.要对电视剧作品著作权资产进行质押，需由委托人按照经济行为要求和评估目的，明确评估对象是该电视剧作品著作权资产的全部财产权益，还是部分财产权益，并在评估委托合同中约定。（　　）

四、思考分析

1.简述著作权的分类。

2.简述著作权人身权的内容构成。

3. 叙述著作权与邻接权的区别。

4. 著作权资产具有哪些特征？

5. 什么是独创性原则？是不是只要在形式上付出了劳动，就认为作品具备了独创性？

6. 依法禁止出版、传播的作品是否享有著作权？

7. 侵权作品是否享有著作权？

8. 一个人的作品卖了10 000元，买方在3年后卖了150 000元，最初的卖者是否可以从后来的增值中获取一定的分成？为什么？

任务二　著作权资产评估

一、单项选择题（每题只有一个正确选项，请将正确选项填在括号内）

1.下列各项不属于著作权资产评估对象的组成形式的是（　　）。

A.单个著作权中的单项财产权利

B.多个著作权中的单项财产权利

C.单个著作权中的多项财产权利的组合

D.分属于不同著作权的单项或者多项财产权利的组合

2.下列各项关于著作权资产评估对象的表述，错误的是（　　）。

A.著作权资产评估对象是指著作权中的财产权益以及与著作权有关权利的财产权益

B.界定著作权资产评估对象不需要关注评估目的的影响

C.著作权资产的财产权利形式包括著作权人享有的权利和转让或许可他人使用的权利

D.著作权资产的许可使用形式包括法定许可和授权许可

3.下列各项不属于著作权资产评估对象界定需考虑的因素的是（　　）。

A.评估对象的作品类型　　B.评估对象的财产权利形式

C.评估目的　　D.评估对象的价值

4.下列各项关于著作权价值的表述，不正确的是（　　）。

A.美术作品广播权价值比文字作品广播权价值大

B.原创作品的价值比演绎作品的价值大

C.艺术性强的作品，著作权资产的价值更大

D.作者知名度高的作品，著作权资产的价值更大

5.我国的四大名著包含巨大的艺术价值和社会价值，被多次再版或翻拍成电影电视作品，其价值明显高于一般作家的作品，这说明该著作权价值的影响因素是（　　）。

A.市场需求状况　　B.作品内容的艺术性

C.作品作者的知名度　　D.作品的生产制作能力

6.下列各项不属于“著作权所依托的作品”这一影响著作权价值因素的是（　　）。

A.作品所处的产业及相关政策　　B.作品的生产制作能力

C.作品的印刷纸张型号　　D.作品作者的知名度

7.在评估实务中，下列各项不属于影响著作权资产价值因素的是（　　）。

A.宏观经济状况　　B.市场需求状况

C.著作权所依托的作品　　D.著作权的权利人性质

8.下列各项不属于评估著作权常用方法的是（　　）。

A.社会效益收益现值模型　　B.成本收益现值模型

C.期望利润评估模型　　　　D.分段模型

9.下列各项决定版权评估价值的是（　　）。

A.精神权利　　　　B.财产权利

C.垄断权利　　　　D.精神权利与财产权利

10.著作权作品的内容决定其使用价值，使用价值越大，相应著作权的价值也就越大，下列各项不属于作品内容影响因素的是（　　）。

A.艺术性　　　　B.时代性　　　　C.技术水平　　　　D.预期收益

11.一部好莱坞大片，因为其制作技术先进、导演与主要演员知名度高以及影片内容时代性较强，这部电影短时间内就在世界各国遍地开花，这部电影的使用价值达到最高。从著作权所依托的作品角度分析，这部电影的价值影响因素是（　　）。

A.作品所处的产业及相关政策　　　　B.作品的已传播情况

C.作品的类型　　　　D.作品的内容

12.下列各项关于著作权资产评估的表述，错误的是（　　）。

A.我国对作品保护采用自动保护原则，著作权资产评估无须关注其法律状态

B.评估著作权资产应合理分割其在无形资产组合中的贡献

C.评估著作权资产应关注作品获取收益的方式和期限

D.评估不同类型作品的著作权应关注不同的价值影响因素

13.如果要对某文字作品复制权、发行权、信息网络传播权的许可使用权进行评估，则最合适的评估方法是（　　）。

A.市场法　　　　B.收益法　　　　C.成本法　　　　D.上市公司比较法

二、多项选择题（每题有两个或两个以上正确选项，请将正确选项填在括号内）

1.著作权资产评估对象通常的组成形式有（　　）。

A.单个著作权中的多项财产权利的组合

B.分属于不同著作权的单项或者多项财产权利的组合

C.著作权财产权和与著作权有关权利的财产权益的组合

D.在权利客体不可分割或者不需要分割的情况下，著作权资产与其他无形资产的组合

2.以投资、转让为目的的著作权评估，直接关系到投资各方或者转让方与受让方之间的利益，所以在评估时应重点关注（　　）。

A.确认著作权各项权利的归属

B.明确投资、转让的权利的内涵、时间、范围等

C.著作权创作者的资历和经验

D.著作权创作者所花费的时间

3.著作权所依托的作品是著作权资产价值影响因素之一，下列各项属于著作权所依托作品的有（　　）。

A.作品所处的产业及相关政策　　　　B.作品的类型

C.作品的内容　　　　D.作品作者的知名度

4.下列各项关于市场需求状况影响著作权资产价值的表述，正确的有（　　）。
A.当市场对某项著作权的供应大于需求时，其价值会降低，反之，价值会得到提升
B.市场相关作品的价值以及新版本作品会影响待估作品著作权的价值
C.待估作品所处市场的活跃程度会影响该作品著作权的价值
D.市场竞争程度不会影响到著作权价值的大小，同类作品的竞争激烈，作品的著作权价值实现不会受到影响

5.下列各项关于著作权的运营模式对著作权价值的影响的表述，正确的有（　　）。
A.不同的著作权运营模式，对著作权价值的实现具有较大的影响
B.最优的著作权运营模式，是寻求实现从原始作品至全部衍生作品的全作品链的、各种财产权利价值的最大化的模式
C.对于通过使用的方式实现收益的著作权，通常会采用市场上惯用的或法律规定的一定比例的版税或提成费用的评估方法直接获得著作权的评估值
D.著作权财产权的收益方式主要有销售型和使用型两种方式

6.下列各项关于合理分割著作权资产贡献的收益的表述，正确的有（　　）。
A.在不能够直接获取评估对象无形资产收益的情况下，需要考虑其他有形资产、评估对象之外的其他无形资产贡献收益的分割
B.分析每种方法的适用性和不足，判断是否能够采用
C.辨识各有形和无形资产的预测收益
D.按照所采用方法要求的步骤进行量化

7.下列各项关于著作权财产权的收益方式的表述，正确的有（　　）。
A.著作权财产权有销售型和使用型两种主要收益方式
B.销售型主要是通过销售其作品从而获得直接收益
C.使用型是指通过使用该作品的方式间接地实现其收益
D.通过使用型方式实现收益的著作权需要考虑作品的社会影响力、技术发展的水平

8.对著作权资产进行评估时，需要注意的事项有（　　）。
A.著作权资产面临的风险
B.如何合理分割著作权资产贡献的收益
C.宏观经济状况
D.作品收益获取期限

9.影响著作权作品内容的主要有（　　）。
A.作品作者的知名度　　B.艺术性
C.技术水平　　D.时代性

10.以投资、转让为目的的著作权评估，直接关系到投资各方或者转让方与受让方之间的利益，所以在评估时应重点关注（　　）。
A.确认著作权各项权利的归属
B.明确投资、转让的权利的内涵、时间、范围等

C.著作权的经济权利或者著作权可获得收益的能力

D.著作权创作者所花费的时间

三、判断题（正确的在括号内打“√”，错误的打“×”）

1.以投资、转让为目的的著作权评估，直接关系到投资各方或者转让方与受让方之间的利益，所以在评估时应重点关注确认著作权各项权利的归属以及著作权创作者所花费的时间。（ ）

2.著作权资产评估对象界定需考虑的因素有评估对象的作品类型、评估对象的权利形式以及评估对象的价值。（ ）

3.市场竞争程度会影响著作权价值的大小，同类作品的竞争激烈，作品的著作权价值实现就会受到影响。（ ）

4.市场相关作品的价值以及新版本作品会影响待估作品著作权的价值。（ ）

5.当评估标的为小说作品的改编权时，可用成本法进行评估。（ ）

6.著作权的运营模式会影响著作权评估价值，对于能够通过销售实现收益的著作权，评估过程中涉及的问题较为复杂，需要考虑作品的社会影响力、技术发展的水平等较难可靠量化的因素，因此有可能漏计或多计其贡献，影响其价值。（ ）

7.著作权资产评估应坚持社会价值原则。（ ）

四、思考分析

1.影响著作权价值的因素主要有哪些？它们是如何影响著作权价值的？

2.著作权价值的评估方法有哪些？在这些方法应用的过程中需要注意哪些要求？

3.为什么著作权价值评估中可以采用考虑社会效益的收益现值模型？

4.著作权资产评估应注意哪些事项？

五、综合训练

1.A公司是一家专业从事汉字信息技术研究与汉字应用解决方案的文化创意与信息技术公司。现因该公司拟进行股份制改制，需要对其著作权价值进行评估。已知该著作权资产的初始著作权许可收益为10 000元，最近3年平均增长率为5%，假设从第4年开始，该著作权的市场认可度趋于稳定，未来著作权许可收益保持不变。折现率与资本化率均为10%，企业所得税税率为25%。

要求：计算A公司该著作权价值。

2.甲公司是游戏公司，打算购买一款网页3D游戏。目前，已知该游戏日活跃玩家数量为20万人，每年每户平均收入1元，游戏每月的维护更新成本为0.5万元。如果购买该游戏，有助于甲公司每年提升其他游戏收入2万元。假设5年后，此游戏已经落伍，停止运营，折现率为5%，公司所得税税率为25%。

要求：计算该游戏的价值。

3.某农业科技著作2019年2月出版，预计效益可观。出版当年扣除印刷发行成本后净获利5万元，预计在此后的6年，每年创造经济效益10万元、社会效益3万元，该著作的社会贡献率确定为20%。根据评估时的银行贴现率为5.31%，发行风险为3%，财务风险为1.5%，所测算的折现率为9.81%，取10%。假定评估基准日为2019年12月31日。

要求：计算该农业科技著作权价值。

4.某已获著作权的艺术作品，已有10年使用历史，并获得50 000元收益。据悉，如果重新创作同样作品所需材料成本费为8 000元，其他成本费用为34 800元。现有一出版社欲购买该项艺术作品的著作权。经市场调查分析，创作者的知名度为55%，作品创作时的风险率为15%，预计该类作品有5年的畅销期，一般可获利100 000元，该艺术作品有55年的著作权保护期。知名度系数表见表7-1。

表7-1　知名度系数表

知名度	5%以下（含）	5%~15%（含）	15%~20%（含）	20%~30%（含）	30%~60%（含）	60%以上
系数取值	0.5	0.8	1.0	1.3	1.5	2.0

要求：根据资料说明评估这一艺术作品价值的方法并计算出评估值。

5.辉煌影视公司于2020年12月出品并发行的A电影已经制作完成，并与电影院线达成放映协议，即将在影院公映。同时，辉煌电影公司还与影像公司、电视台等达成著作权转让和许可协议，将通过DVD、电视的形式播出。

根据电影收入的特点，结合辉煌影视公司制作与发行电影的历史票房，以及以往著作权转让的其他收入，对A电影的收益做出如下预测：2021年，销售收入1 210万元，净利润598.39万元；2022年，销售收入110万元，净利润73.76万元；2023年，销售收入110万元，净利润73.76万元。

根据电影收益期限比较短的特点，将A电影的收入期限确定为3年。确定折现率为8%。根据著作权在电影票房中的贡献，确定利润分成率为90%。评估基准日为2020年12月31日。

要求：

（1）请根据以上资料评估确定A电影的价值；

（2）讨论电影著作权的特点、电影价值的主要影响因素、运用收益法评估电影价值时如何合理确定有关参数。

6.某作家创作了一部60万字的网络小说，2018年授权甲文学网站发表，甲文学网站按每千字100元的价格付给作者稿酬，该作家因此获得稿酬6万元。

小说发表后，读者评价较好，阅读量持续走高，乙视频网站十分看好该小说，拟在保留主要人物角色的基础上酌情修改部分故事情节形成电视剧剧本，并拍摄成电视剧作品，2019年6月30日，乙视频网站支付给该作家版权费10万元，获得该小说改编成电视剧的权利，双方同时约定，小说改编成电视剧后，该作家按照电视剧版权收入的12%提成，电视剧版权收入包含电视台销售收入和网站播放带来的相关付费收入、广告收入。

由该小说改编的30集电视剧制作完成后，乙视频网站授权两家电视台自2020年6月30日起在卫视频道播出该电视剧，期限2年，重播次数不限，两家电视台分别按照每集50万元向乙视频网站支付版权费，于2020年6月30日一次性付清。许可期内乙视频网站不再授权其他电视台播出该电视剧，但乙视频网站可在自己网站播放，每集播出时间晚于电视台一周。截至2020年12月31日，乙视频网站付费观看用户达200万人，人均付费5元。乙视频网站跟播该电视剧带来新增广告收入500万元。假设乙视频网站相关付费收入和广告收入于2020年12月31日一次性取得，不再考虑以后年度可能发生的相关收入。2019年6月30日，剩余期限1.5年的国债到期收益率为3.5%，著作权资产政策风险报酬率为3%，法律风险报酬率为3%，市场风险报酬率为2.5%。

要求：根据上述资料回答下列问题。

（1）该小说属于哪类作品？作品著作权人是谁？该小说作品改编为电视剧后，电视剧作品著作权人是谁？

（2）作家授权给甲文学网站的权利属于著作权中的哪些财产权利？作家授权给乙视频网站的权利包括著作权财产权中的哪些权利？

（3）假设评估基准日为2019年6月30日，该作家因小说被改编成电视剧对应的财产权利折现率是多少？

（4）在评估基准日为2019年6月30日，不考虑所得税的情况下，该作家因小说被改编成电视剧对应的财产权利的价值是多少？

任务三 计算机软件资产评估

一、单项选择题（每题只有一个正确选项，请将正确选项填在括号内）

1.在计算机软件价值评估过程初期，通过对（　　）的确认与读取等过程，不但可以初步了解软件的基本情况，获取有关基础技术资料，同时对于软件评估方法的选择、评估公式中参数的选取以及确定软件价值构成都是很重要的参考因素。

A.操作系统、各种语言处理程序、数据库管理系统

B.软件类型、软件规模、软件所处生存阶段以及相应技术文档

C.需求分析、软件设计、程序编写、软件测试、运行保护

D.可行性研究报告、项目开发计划、软件需求说明书、数据要求说明书

2.下列各项不属于计算机系统软件的是（　　）。

A.各种语言处理程序　　B.杀毒软件

C.操作系统　　D.数据库管理系统

3.下列各项不仅要承担停止侵害、消除影响、赔礼道歉、赔偿损失等民事责任；触犯刑律的，还应当依法追究刑事责任的是（　　）。

A.未经软件著作权人许可，发表或者登记其软件的

B.将他人软件作为自己的软件发表或者登记的

C.在他人软件上署名或者更改他人软件上的署名的

D.复制或者部分复制著作权人的软件的

4.软件的法定保护期为（　　）年。

A.10　　B.20　　C.50　　D.30

5.A于2007年6月30日死亡，其软件版权的保护期截止（　　）。

A.2007年12月31日　　B.2057年6月30日

C.2007年7月30日　　D.2057年12月31日

6.下列各项是指通过源程序语句行数和每行源程序语言的成本对软件价值进行估算的方法是（　　）。

A.语句行估算法　　B.功能分解法　　C.工作量成本法　　D.参数成本法

7.2018年1月1日，甲上市公司与M公司签订合同购买一套管理软件，合同总价款为2 000万元。按照合同的规定，价款自合同签订日起分4次支付，每年年末支付500万元。该软件取得后即达到预定用途。假定银行同期贷款利率为5%。则甲上市公司取得的该无形资产的入账价值为（　　）万元。

A.2 000　　B.1 458.6　　C.1 773　　D.1 645.4

二、多项选择题（每题有两个或两个以上正确选项，请将正确选项填在括号内）

1.下列各项属于软件著作权人享有的权利的有（　　）。

A. 发表权　　B. 署名权　　C. 修改权　　D. 复制权

2. 对复制或者部分复制著作权人的软件给予处罚（　　）。

A. 并处5万元以下罚款　　B. 并处每件100元罚款

C. 并处1万元以上5万元以下罚款　　D. 并处等值金额5倍以下罚款

3. 下列各项属于计算机软件特点的有（　　）。

A. 智力成果性　　B. 实用性　　C. 可复制性　　D. 经济寿命短

4. 下列各项属于计算机软件成本评估模型的有（　　）。

A. 开发成本要素模型　　B. 开发过程成本模型

C. 语句行数模型　　D. 参数成本模型

三、判断题（正确的在括号内打“√”，错误的打“×”）

1. 计算机软件是计算机系统中的程序及其有关文档的统称，包括源程序和文档两个部分。（　　）

2. 著作权保护的软件是计算机程序，不包括文档。（　　）

3. 软件著作权自软件开发完成之日起产生，并且不论是否发表都享有著作权。（　　）

4. 对软件著作权保护涉及开发软件所用的思想、处理过程、操作方法或者数学概念。（　　）

5. 发表权是软件著作权人享有的权利，翻译权不是。（　　）

6. 软件著作权除了自己使用，也可通过授权许可他人使用，但不可以将软件著作权转让。（　　）

7. 法人或其他组织开发的软件著作权，保护期为50年，截止于软件首次发表后第50年的12月31日，但软件自开发完成日起50年内未发表的，法律不再保护。（　　）

8. 软件著作权转让的当事人需订立书面合同。（　　）

9. 软件著作权属于自然人的，该自然人死亡后，在软件著作权的保护期内，软件著作权的继承人可以依法继承著作权中除署名权以外的其他权利。（　　）

10. 计算机软件评估一般是针对具体的软件应用者、软件的使用范围、使用规模以及用途等加以评定估算。（　　）

11. 用成本法评估系统软件的前提是有完整可靠的基础数据，成本费用数据记载齐全。（　　）

12. 对于专用（即用户只有一个或若干）软件以及虽属于通用软件但尚未投入生产、销售的，一般采用成本法。（　　）

13. 对于已经生产并投放市场的诸如财务软件、人事工资管理软件等通用软件，具有市场容量的专业应用软件，以及对信息企业的价值评估，可采用市场法。（　　）

14. 运用现行市价法评估计算机软件必须存在具有可比性的参照软件。（　　）

15. 参数成本法是通过源程序语句行数和每行源程序语言的成本进行估算的方法。（　　）

四、思考分析

1.计算机软件的价值影响因素有哪些？这些因素是如何影响著作权价值的？

2.简述软件著作权享有的权利。

3.计算机软件著作权评估具有哪些特征？

4.如何合理选择计算机软件著作权的评估方法？

五、综合训练

1.某公司有一煤炭企业会计信息系统软件欲转让，现委托评估公司对其价值进行评估。评估专业人员在调查中得知：行业收益率为30%，一年后物价上升2%。软件包括工资核算、账务处理、销售核算和成本核算四大功能，开发费用见表7-2。

表7-2　煤炭企业会计信息系统软件开发费用核算表

项目 功能	项目开发分阶段工作量（单位：人/日）					
	系统分析	系统设计	程序设计	软件测试	软件维护	合计
工资核算	15	25	20	20	25	
账务处理	25	105	65	75	75	
销售核算	15	35	35	35	35	
成本核算	25	45	35	35	35	
工作量合计	80	210	155	165	170	
工作量成本 （单位：元/人·日）	105	85	105	85	105	
阶段成本						

要求：评估该软件的当前价格。

2. 根据历史数据和经验数据，上述煤炭企业会计信息系统软件中每个功能源程序语句行数见表7-3，已知每行源程序语句的成本为3.65元。

表7-3　煤炭企业会计信息系统软件语句行估算表　单位：元

功能 \ 语句行数	最有利的a	最不利的b	最可能出现的c	估算的 $\frac{a+b+4c}{6}$
工资核算子模块	3 600	5 300	4 800	4 684
账务处理子模块	8 200	14 800	10 600	10 900
销售核算子模块	4 000	4 800	4 100	4 200
成本核算子模块	5 800	7 000	6 800	6 666
合　计	—	—	—	26 450

要求：计算该软件的成本。

3. 乙公司拟对甲公司进行控股合并，需要对甲公司拥有的一项2年前自行开发完成并用于内部管理的计算机软件进行评估。具体范围包括该软件的目标程序、源程序和相关文档（包括程序设计说明书、流程图、用户手册等）。根据合并工作的时间安排，确定本次资产评估的基准日为2020年7月31日。

评估专业人员在调查中得知，该软件已经申请著作权保护，保护期为10年，主要应用于内部管理，专用性较强，市场上没有类似软件的销售案例，且在使用中产生的直接收益或成本节约难以与其他各类有形、无形资产贡献明确区分并量化。但公司保留了对该软件进行研究开发过程的所有记录，与评估相关的主要资料如下：评估对象为该软件的全部财产权益。

该软件的源程序有效代码行数K为55千行，经管理人员统计，开发维护该软件单位工作量成本为9 000元/人·月，包括与开发相关的直接费用、间接费用和期间费用，软件应用于公司管理时，其源程序有效代码行数K与计算机软件开发工作量M的对应关系可以用下列计算式表示：$M=4.875K^{0.924}$。

假设维护工作与开发工作的单位工作量成本相同，专家根据该软件的运行环境和更新程度进行测算得出，该软件的维护成本大约等于开发成本的25%。

评估专业人员同时发现，该软件虽然在甲公司运行状况良好，可以得到完全应用，但在完成公司合并后，随着合并方乙公司对甲公司未来经营管理情况的战略预测与目标调整，该软件会逐渐退出管理应用，因此，评估专家预测，该软件的剩余使用期限仅为5年。

要求：

（1）请代资产评估机构确定，对于该计算机软件的评估应当采用哪种基本方法，并说明采用该方法和排除其他方法的理由。

（2）请列出所采用的评估方法评估技术思路的基本表达式。

（3）根据上述基本表达式，结合题目给定资料，计算表达式中的各指标的数值，并确定该软件的评估值（要求列出计算步骤）。

4.某白酒企业有一个管理软件欲转让，现委托评估公司对其价值进行评估。评估专业人员在调查中得知：其全新参照物软件的市场价为5万元，被评估软件预期有6年寿命，现已使用2年。考虑到全新参照物软件的功能和兼容性较好，从而将调整系数定为0.75。

要求：根据以上资料估算该管理软件的价值。

项目八

特殊类无形资产评估

任务一　特许经营权资产评估

一、单项选择题（每题只有一个正确选项，请将正确选项填在括号内）

1. 下列各项属于由政府机构授权，准许特定企业使用公共财产，或在一定地区享有经营某种特许业务权利的是（　　）。

A. 政府授予的特许经营权　　B. 企业授予的特许经营权

C. 国际组织授予的特许经营权　　D. 行业协会授予的特许经营权

2. 下列各项不属于无形资产使用权转让形式的是（　　）。

A. 排他使用权　　B. 普通使用权

C. 特许经营权　　D. 独占使用权

3. 下列各项不属于特许权价值的影响因素的是（　　）。

A. 特许权的实施成本　　B. 特许权使用年限

C. 特许权面临的风险程度　　D. 特许权的法律保护

4. 若对特许经营权——出租车牌照进行评估，其前提条件为宏观经济稳定，持续经营，简单再生产，其应该选用（　　）进行价值评估。

A. 收益现值法　　B. 市场比较法　　C. 成本法　　D. 割差法

二、多项选择题（每题有两个或两个以上正确选项，请将正确选项填在括号内）

1. 政府授予的特许权，其主要表现形式有（　　）。

A. 专营权　　B. 生产许可证

C. 进出口许可证　　D. 资源资产开采权

2. 根据对授权方的限制不同，特许经营权分为（　　）。

A. 独占许可　　B. 独家许可　　C. 普通许可　　D. 委托许可

3. 一般特许经营权的两种表现形式有（　　）。

A. 政府机构许可的特许经营权　　B. 企业许可的特许经营权

C. 企业契约关系的特许权　　D. 企业合同关系的特许权

4. 由于特许权的价值基础是特许权所能带来的经济效益，因此，特许权评估的依据就是特许权受许人在使用特许权后在经营中所能获得的超额利润，包括（　　）。

A. 特种行业经营权的经济效益

B. 垄断经营权的经济效益

C. 实施许可证制度行业的经营权的经济效益

D. 资源性资产开采特许权的经济效益和资源补偿价格等

三、判断题（正确的在括号内打“√”，错误的打“×”）

1. 特许经营权是一项不可辨认的无形资产。　　（　　）

2.从无形资产的特点和性质来看，唯有满足独占性、优越性和收益性且附属于企业的权利才能成为特许经营权资产。 （　　）

3.一般许可包括普通许可、许可、核准、登记四种。 （　　）

4.特许经营权价值评估一般采用超额收益法。 （　　）

5.政府授予的特许权一般不能转让，特殊允许转让的要有期限和地域限制。 （　　）

四、思考分析

1.简述特许经营权的含义、分类和特点。

2.简述特许经营权价值的影响因素。

3.采用收益提成法评估特许权的基本思路是什么？需要确定哪些参数？

五、综合训练

1.某烟草公司近5年产量和利润逐年递增。为了取得更大的效益，该公司准备通过组建联营企业扩大经营规模，于是，需对其2020年12月31日烟草专卖许可证的价格进行评估。

根据该公司提供的资料，经评估专业人士预测，该公司未来5年的税后利润分别是：2021年为2 100万元，2022年为2 400万元，2023年为2 800万元，2024年为3 400万元，2025年为4 100万元，并假设2026年以后每年将保持2025年的收益水平。经查，我国烟草行业的基准收益率为12%，假设折现率和资本化率为15%，特许权提成率为45%。

要求：评估2020年12月31日烟草专卖许可证的价格。

2.经国家有关部门批准，某贸易进出口医药公司获得了5年内每年进口10万箱某药品的许可证。经市场调查分析表明，每箱药可获得净利润15 000万元，利润率为25%，国内一般同类药品企业的利润率平均为15%，该医药公司经营活动适用的折现率为12%。国家规定该进出口公司需一次性缴纳一定金额的许可费。

要求：计算该许可费应缴纳的数额。

任务二　客户类无形资产评估

一、单项选择题（每题只有一个正确选项，请将正确选项填在括号内）

1.客户关系的价值不是一成不变的，它具有动态发展的特征，所以，其评价指标体系要在一定程度上反映客户资产价值未来的变化，要从发展变化的角度来考察客户关系的价值。下列各项符合此含义的是（　　）。

A.动态原则　　B.独立性原则

C.适用性原则　　D.定性与定量相结合原则

2.客户类无形资产价值的评估方法，可以采用成本法、收益法和市场法。以发展和保持目标客户关系所有的费用来估算客户资源无形资产价值的方法属于（　　）。

A.市场法　　B.成本法　　C.收益法　　D.割差法

二、多项选择题（每题有两个或两个以上正确选项，请将正确选项填在括号内）

1.下列各项属于客户类无形资产特点的有（　　）。

A.共享性　　B.不确定性

C.不易被复制　　D.不宜进行投资

2.客户类无形资产评估应坚持的原则有（　　）。

A.动态原则　　B.独立性原则

C.适用性原则　　D.定性与定量相结合原则

3.客户资源被确认为企业的一项无形资产必须具备的条件有（　　）。

A.客户和供应商之间必须存在事实关系

B.必须存在与事实关系有关的、对无形资产的买方（或使用者）有用的数据和文件

C.这些客户关系能给拥有者带来一个可认定的收益流量

D.客户关系属于企业的商誉

三、判断题（正确的在括号内打“√”，错误的打“×”）

1.客户类无形资产是指企业拥有的客户资源中能够为企业带来预期的经济利益，并可进行资产化处理的部分。（ ）

2.客户类无形资产预期寿命长短决定着企业能从客户所获取的经济利益的多少。估计客户资产剩余寿命的关键是计算每个客户的可能寿命。（ ）

3.客户类无形资产是商誉形成的一个因素，所以属于不可辨认无形资产。（ ）

四、思考分析

1.什么是客户类无形资产，具有哪些特点？

2.客户类无形资产在评估中应注意哪些问题？

五、综合训练

A旅游公司为了发展要与B旅游公司合并，需要对其价值进行评估。评估人员经过市场调查，发现A旅游公司与客户保持良好关系并能取得很好的效益，这种良好关系能保持3年。在这3年内，A旅游公司从客户那里获得的收益预计分别为350万元、200万元、100万元。公司每年要花费80万元用于开发和保持客户关系。假设旅游公司适用的折现率为6%。

要求：计算A旅游公司客户类无形资产的价值。

任务三　域名和网站价值评估

一、单项选择题（每题只有一个正确选项，请将正确选项填在括号内）

1.根据不同的分类标准，网站可以有许多种分类。网站分为营利性网站和非营利性网站，此分类的依据是（　　）。

A.网站是否以营利为目的　　B.网站所用编程语言分类

C.网站的用途分类　　D.网站提供的服务和内容

2.下列各项不属于网站评估方法的是（　　）。

A.Greatdomains 的域名价值评估法——3C 评估法

B.市值比访问量模型

C.实际成本法

D.收益折现法

二、多项选择题（每题有两个或两个以上正确选项，请将正确选项填在括号内）

1.一个组织或个人如果希望在网络上建立自己的网站，就必须首先取一个域名。从评估的角度来看，域名具有的重要特征有（　　）。

A.产权排他性　　B.构成简单性　　C.不易被复制　　D.不可替代性

2.域名的价值评估可选择的评估方法有（　　）。

A.实际成本法

B.市场法

C.Greatdomains 的域名价值评估法——3C 评估法

D.收益法

3.从评估师的角度来讲，影响域名评估价值的因素有（　　）。

A.组成结构　　B.主体词汇　　C.市场前景　　D.发展潜力

4.从评估师的角度来讲，影响网站评估价值的因素有（　　）。

A.网站流量　　B.营利方式　　C.网站的功能　　D.建设成本

三、判断题（正确的在括号内打“√”，错误的打“×”）

1.域名是一种新的知识产权。（　　）

2.从评估师的角度来讲，发展潜力是影响网站评估价值的因素。（　　）

3.网站与域名的价值是一样的。（　　）

四、思考分析

1.什么是域名？它有哪些特征？

2.影响域名价值的因素有哪些?

3.什么是网站?影响网站价值的因素有哪些?

4.说明网站评估应注意的事项。

任务四 合同权益类无形资产评估

一、单项选择题(每题只有一个正确选项,请将正确选项填在括号内)

1.通过预测资产未来提供的收益,以之作为鉴定的重要依据,属于合同权益价值评估的( )。

A.谨慎原则 B.可行性原则 C.预期原则 D.替代原则

2.甲、乙双方签订啤酒供货合同后,甲方违约,那么乙方与另外一家啤酒公司签订类似的一份合同所付出的代价,可以近似地看作是甲、乙双方的合同权益价格,这种方法属于( )。

A.收益法 B.市场法 C.成本法 D.割差法

二、多项选择题(每题有两个或两个以上正确选项,请将正确选项填在括号内)

1.合同是平等主体的自然人、法人、其他组织之间设立、变更、终止民事权利义务关系的协议。下列各项属于合同特点的有( )。

A.合同是平等主体的自然人、法人和其他组织所实施的一种民事法律行为

B.合同以在当事人之间产生权利义务为目的

C.合同是当事人双方或多方相互的意思表示一致,是当事人之间的协议

D. 根据合同当事人是否互相负有给付义务，可将合同分为双务合同和单务合同

2. 根据合同权益的定义，及合同权益和合同权利、义务的关系，合同权益具有的特点有（　　）。

A. 合同以在当事人之间产生权利义务为目的

B. 权利与对应义务的性质正好相反，而绝对值相等，所有的合同权益相加等于零

C. 权利与对应义务的关系实质上是权利与权利关系的表现形式

D. 权利与对应义务实质上为社会个体之间的利益关系

三、判断题（正确的在括号内打“√”，错误的打“×”）

1. 合同正权益是指合同的一方给该方带来的收益减去取得合同花费的成本的差额是正值。（　　）

2. 合同权益作为一种行为权利类的无形资产，一般情况下可以进行转让，转让需要合同双方当事人的同意，合同权益受损害时，可以要求补偿。（　　）

四、思考分析

1. 什么是合同权益？其特点有哪些？

2. 简要说明合同权益价值的评估原则。

任务五　人力资本类无形资产评估

一、单项选择题（每题只有一个正确选项，请将正确选项填在括号内）

1. 人力资本的物质载体是人本身，而人存在于特定的社会环境中，受各种社会条件制约。这是人力资本类无形资产评估的（　　）特点。

A. 与其所有者不可分离　　B. 能动的创造性

C. 非同质性　　D. 社会性

2. 企业人力资本价值的评估，不仅取决于企业人力资本所具有的实际价值，还取决于其他相关因素对企业整体价值的贡献，这属于人力资本类无形资产评估的（　　）。

A.独立性原则　　B.客观性原则
C.综合性原则　　D.替代性原则

二、多项选择题（每题有两个或两个以上正确选项，请将正确选项填在括号内）

1.下列各项关于人力资本类无形资产评估的表述，正确的有（　　）。

A.组合劳动力属于无形资产
B.组合劳动力属于商誉的一部分，可以单独交易或转让
C.组合劳动力的价值可拆分成招募成本和培训成本，可以采用重置成本测算
D.组合劳动力不属于无形资产

2.运用成本途径评估人力资本类无形资产，下列各项属于人力资本类无形资产评估培训费用的有（　　）。

A.在培训替代员工过程中所支付的公司员工工资和福利
B.在培训替代员工过程中所发生的与这些员工有关的管理成本
C.替代员工接受培训直至上岗期间的工资和福利
D.直接招聘和雇佣支出

三、判断题（正确的在括号内打"√"，错误的打"×"）

1.组合劳动力是无形资产，虽不能单独交易转让，但可采用成本法评估其价值。（　　）

2.在人力资本评估中，生产性人力资本可采用成本法或未来工资收益折现法；经营管理层及技术研发型人力资本可采用收益分成法等。（　　）

3.劳动人事管理权、所有权等作为特殊的权利，均应作为无形资产。（　　）

四、思考分析

1.说明影响人力资本类无形资产价值的因素。

2.如何应用超额收益分成法评估人力资本类无形资产？

3.有关资料如下：

（1）随着我国劳动力市场日益成熟和经济的高速发展，某些行业劳动力稀缺现象非常突出，大量的员工跳槽行为使企业的人力资本投资无法收回，造成了巨大的经济损失，因而引发了劳资纠纷和诉讼。在诉讼中，多数判决都裁定跳槽者或其接受单位需向

原单位支付巨额赔偿。例如，两名有多年飞行经验的民航机长提出辞职，遭到航空公司索赔，理由是在他们供职的十年间，公司每年派送他们出国学习，分别花费86.9万元和112.8万元。后经法院判决，两位机长分别被判赔偿航空公司100万元。

（2）北京某高科技公司将人力资本作价200万元入股，占股份总额的25%。

（3）英国曼彻斯特商学院企业研究中心关于无形资产评估的研究报告认为，尽管所有的方法都能用来评估人力资本类无形资产，但在实际应用中，不同方法之间的差别很大。由于员工并非企业的“私有财产”，所以很难估算配套员工对企业未来现金流的贡献，因而在评估时一般不宜采用收益法。同样，除了运动员、演艺人员等特殊类型外，人力资本类无形资产的交易案例很难找到，所以也不宜采用市场法评估。因此，通常主要采用成本法评估人力资本类无形资产的价值。

要求：根据上述资料，回答下列问题。

（1）谈谈人力资本类无形资产价值评估的现实意义及发展趋势。

（2）如何合理选择人力资本类无形资产的评估方法？

（3）人力资本类无形资产的价值由哪些因素决定？运动员转会价、演艺明星签约费等是怎样确定的？

五、综合训练

1.某企业近年来经营状况良好，企业价值不断提升，与同行业相比每年可以获得超额收益500万元，估计企业可以在未来10年内维持该经营状态。经评估专业人员估算，企业人力资本在企业整体价值中所占的比重为30%，假定企业的收益折现率为10%。

要求：计算该企业的人力资本价值。

2.某企业为了壮大管理团队，提高企业的管理水平，于2020年11月20日通过公开招聘方式聘任了3名年龄为35岁的高级管理人员，年薪80万元。公司规定高管离职年龄为55岁。假定折现率为8%。

要求：计算该企业3名高管的人力资本价值。

项目九

无形资产评估报告

任务一　无形资产评估报告概述

一、单项选择题（每题只有一个正确选项，请将正确选项填在括号内）

1.资产评估结果有效期通常为一年，这一年是从（　　）算起的。

A.提供报告日　　B.评估基准日

C.验证确认日　　D.经济行为发生时

2.某资产评估事务所于2020年8月6日至2020年8月25日，对B制衣厂的商标资产在2020年6月30日的市场价值进行了评估，该报告于2020年8月30日提交给了委托人，该评估结果的有效时间截止到（　　）。

A.2021年8月5日　　B.2021年8月24日

C.2021年8月29日　　D.2021年6月29日

3.评估报告书尾部至少由（　　）名负责评估的资产评估师签名盖章。

A.一　　B.二　　C.三　　D.四

4.编制无形资产评估报告的技术要点是无形资产评估报告制作过程中的技能要求，下列各项不属于该技能要求的是（　　）。

A.复核及反馈方面的技能要求　　B.执业过程中的独立性要求

C.文字表达方面的技能　　D.格式和内容方面的技能要求

二、多项选择题（每题有两个或两个以上正确选项，请将正确选项填在括号内）

1.无形资产评估报告的作用有（　　）。

A.为被委托评估的无形资产提供作价意见

B.是反映和体现无形资产评估工作情况，明确各方责任的依据

C.是管理部门完善无形资产评估管理的重要手段

D.是建立和归集无形资产评估档案资料的重要信息来源

2.无形资产评估报告书制作的技术要点有（　　）。

A.文字表达方面的技能要求

B.格式和内容方面的技能要求

C.评估报告书的复核及反馈方面的技能要求

D.评估报告书的验证与确认要求

三、判断题（正确的在括号内打“√”，错误的打“×”）

1.评估报告的有效期为评估基准日后10个月。（　　）

2.评估报告书尾部至少由二名负责评估的资产评估师签名盖章。（　　）

四、思考分析

1.什么是无形资产评估报告？其包括哪些基本内容？

2.简要说明无形资产评估报告编制的步骤。

3.简要说明编制无形资产评估报告的技术要点有哪些。

任务二　无形资产评估报告的内容

一、单项选择题（每题只有一个正确选项，请将正确选项填在括号内）

1.资产评估报告书摘要与资产评估报告书具有的法律效力相比，（　　）。

A.前者大于后者　　B.后者大于前者

C.同等效力　　D.不可比较

2.所有在无形资产评估报告书中采用的汇率、税率、利率、费率和其他价格标准，均应采用（　　）的标准。

A.提供报告日　　B.评估基准日

C.会计期初或期末　　D.评估工作日

3.下列各项不属于资产评估报告主要内容的是（　　）。

A.资产评估收费　　B.评估基准日

C.评估结论　　D.评估范围和对象

4.按照现行规定，评估基准日通常与经济行为实现日相距不超过（　　）。

A.一个月　　B.半年　　C.一年　　D.两年

二、多项选择题（每题有两个或两个以上正确选项，请将正确选项填在括号内）

1.按《资产评估执业准则——资产评估报告》的规定，无形资产评估报告应包括（　　）。

A.资产评估报告正文及有关附件　　B.无形资产评估说明

C.无形资产评估明细表　　D.无形资产评估工作底稿

2.按《资产评估执业准则——资产评估报告》的规定，无形资产评估报告正文及相关附件的基本内容及格式包括（　　）。

A.无形资产评估报告封面　　B.无形资产评估报告书摘要

C.无形资产评估报告正文　　D.备查文件

3.无形资产评估报告正文阐明的评估依据包括（　　）。

A.法规依据　　B.行为依据　　C.产权依据　　D.取价依据

4.按《资产评估执业准则——资产评估报告》的规定，无形资产评估明细表样表包括（　　）。

A.无形资产评估结果汇总表　　B.无形资产评估明细表

C.开发支出评估明细表　　D.商誉评估明细表

5.无形资产评估报告正文应列示的内容有（　　）。

A.评估对象和评估范围　　B.评估假设

C.特别事项说明　　D.评估报告日

6.能够证明无形资产所有权的产权证明文件包括（　　）。

A.专利证书　　B.购买合同

C.版权许可证书　　D.商标注册证书

三、判断题（正确的在括号内打“√”，错误的打“×”）

1.资产评估机构和人员在遵守无形资产评估报告书规范和不引起误导的前提下，有权选择无形资产评估报告的形式和详略程度。（　　）

2.无形资产评估报告正文首部的内容只包括标题，不包括报告序号。（　　）

3.无形资产评估报告正文序言应写明评估报告委托方全称、受委托评估事项及评估工作整体情况。（　　）

4.无形资产评估报告封面须载明无形资产评估项目名称，不可载明评估机构的服务商标。（　　）

四、思考分析

1.说明无形资产评估报告正文应包括的内容。

2.说明无形资产评估报告中声明的内容。

任务三　无形资产评估报告的分析与使用

一、单项选择题（每题只有一个正确选项，请将正确选项填在括号内）

1. 根据无形资产评估报告使用规范，每份无形资产评估报告的使用用途只能是（　　）个。

A.1　　B.2　　C.3　　D.4

2. 下列各项不属于资产评估管理机构对无形资产评估报告应用的是（　　）。

A. 大体了解评估机构从事评估工作的业务能力和组织管理水平

B. 对资产评估结果质量进行评估

C. 为无形资产管理提供重要的数据资料

D. 征收管理费用的主要依据

二、多项选择题（每题有两个或两个以上正确选项，请将正确选项填在括号内）

1. 无形资产评估报告作为一种信息来源，使用者通过对报告进行分析，可以判断资产评估机构业务能力的强弱以及无形资产评估意见是否科学、评估价值是否合理、评估结果是否真实可靠。无形资产评估报告分析的内容有（　　）。

A. 对无形资产评估报告进行逻辑分析

B. 对无形资产评估运用的市场信息资料进行对比分析

C. 对无形资产评估计算表格数据的分析

D. 对无形资产评估结果的分析

2. 委托方在使用无形资产评估报告及有关资料时，合理合法的有（　　）。

A. 一份无形资产转让评估报告可以作为委托方无形资产产权交易的作价依据

B. 超出评估报告书的有效期限后，只要由评估机构重新调整相关数据，就仍是有效的

C. 有效期限内无形资产评估数量发生较大变化时，需要按比例调整后才能使用

D. 作为支付无形资产评估费用的依据

三、判断题（正确的在括号内打“√”，错误的打“×”）

1. 从无形资产评估目的、评估依据的前提条件与评估方法选择之间是否具有一致性进行分析属于对无形资产评估报告进行的逻辑分析。（　　）

2. 当无形资产评估的材料及结果符合相应条款，委托方对无形资产评估报告及相关资料无任何异议时，应该以无形资产评估报告为前提和依据向受托方支付评估费用。（　　）

四、思考分析

1.说明应从哪些方面对无形资产评估报告进行分析。

2.说明资产评估管理机构在哪些方面使用无形资产评估报告。

任务四　无形资产评估工作底稿的编制与归档

一、单项选择题（每题只有一个正确选项，请将正确选项填在括号内）

1.无形资产评估报告是建立评估档案，归集评估档案资料的（　　）。
A.重要信息来源　　B.主要内容
C.一个环节　　D.重要目的

2.下列各项关于无形资产评估工作底稿的表述，不正确的是（　　）。
A.无形资产评估工作底稿的整理归集不是无形资产评估程序的重要组成部分
B.无形资产评估工作底稿是评估和考核无形资产评估人员专业能力和工作业绩的依据
C.无形资产评估工作底稿是界定无形资产评估人员责任的依据
D.无形资产评估工作底稿是控制评估质量和监控评估工作的手段

二、多项选择题（每题有两个或两个以上正确选项，请将正确选项填在括号内）

1.在工作底稿归档的具体工作中，评估机构应做到（　　）。
A.评估档案归集
B.提交工作底稿及时、齐全、保密
C.电子文档管理
D.确定档案的内容及形式

2.无形资产评估工作底稿可分为（　　）。
A.计划类工作底稿　　B.管理类工作底稿
C.操作类工作底稿　　D.结算类工作底稿

三、判断题（正确的在括号内打“√”，错误的打“×”）

1.无形资产评估工作底稿属于无形资产评估档案。 （ ）

2.资产评估专业人员通常应当在无形资产评估报告日后90日内将工作底稿与评估报告等归集形成评估档案，并由所在资产评估机构按照国家有关法律、行政法规和相关资产评估准则的规定妥善管理。 （ ）

3.评估工作底稿归档后形成的评估档案应由所在地资产评估协会按照国家有关法律、法规及评估准则的规定妥善管理。 （ ）

4.根据《中华人民共和国资产评估法》的规定：一般评估业务的评估档案保存期限不少于十五年，法定评估业务的评估档案保存期限不少于三十年，评估档案的保存期限，自评估报告日起算。 （ ）

四、思考分析

1.什么是无形资产评估工作底稿，其作用有哪些？

2.什么是管理类工作底稿，包括哪些内容？

3.什么是操作类工作底稿，包括哪些内容？

4.工作底稿编制的具体要求有哪些？

5.什么是无形资产评估档案，如何进行保存？

6.评估机构如何管理工作底稿的电子文档？

7.进行归档的评估报告中需说明的有关评估项目内容有哪些？

参考文献

[1] 资产评估师资格考试辅导用书编写组. 资产评估实务（二）精讲精炼［M］. 北京：中国财政经济出版社，2020.

[2] 资产评估师资格考试辅导用书编写组. 资产评估实务（二）全国大模考［M］. 北京：中国财政经济出版社，2020.

[3] 刘淑琴. 无形资产评估［M］. 大连：东北财经大学出版社，2020.